U0077158

幼兒情緒與繪本教學

傅清雪、劉淑娟、謝來鳳、曹天鳳、王秀文、
方咨又、林智慧、魏妙娟、李純儀 著

目次
Contents

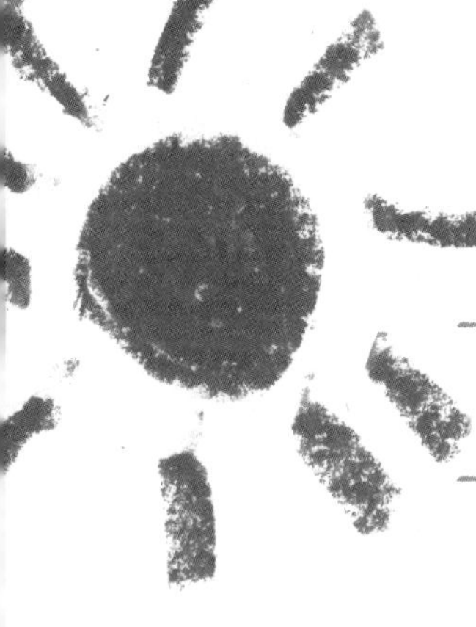

作者簡介

傅清雪

國立成功大學教育研究所（學習與心理組）博士
中華醫事科技大學幼兒保育系助理教授
教育部幼兒園教保活動課程暫行大綱宣講教授、輔導教授
行政院勞委會單一級保母人員技術士監評委員
教育部核定家庭教育人員合格認證
教育部核定性別平等教育講師

劉淑娟

芝麻街幼兒園復國分校園長
兒童及少年福利機構專業人員訓練結業
兒童及少年福利機構專業人員訓練核心課程結業

謝來鳳

芝麻街幼兒園復國分校副園長

曹天鳳

芝麻街幼兒園復國分校保育員

王秀文

芝麻街幼兒園復國分校保育員
兒童及少年福利機構專業人員訓練核心課程結業

方峪又

芝麻街幼兒園復國分校保育員

林智慧

芝麻街幼兒園復國分校保育員

魏妙娟

芝麻街幼兒園復國分校保育員

李純儀

芝麻街幼兒園復國分校保育員

作者序

當教育部公佈《幼兒園教保活動課程暫行大綱》（以下簡稱《新課綱》）六大領域後，即不斷聽到幼兒教師們的焦慮聲：「情緒，怎麼教啊？」這種焦慮看似曾存在，亦不曾存在。「曾存在」是因為過去的經驗裡，沒有特別強調它或注意它，「情緒」好像只是在幼兒園裡的一種自然而然的表現而已。例如，幼兒到校時哭鬧、在教室裡吵架或高興到難以控制等，當是屢見不鮮的課室場景。尤其在「孩子都是寶」、「孩子備受寵愛」的時代背景下，幼兒的「為所欲為」，想發脾氣就發脾氣的情緒表達方式下，如何教導幼兒情緒控制，常是幼兒教師們討論之議題。而「不曾存在」則是少有人將「情緒」做為活動的主軸，教導幼兒認識情緒、了解情緒、調節情緒。《新課綱》對情緒領域的內涵定義，提供了幼兒教師們明確的指引。

情緒領域主要在培養幼兒處理情緒的能力。但情緒是否能教？該如何教？幼兒如何能懂？幼兒教師們不免感到困惑。文獻資料顯示，嬰兒從 2 個月起即可明瞭主要照顧者的基本情緒，

1-3 歲可透過他人的臉部表情來辨識快樂、憤怒、悲傷等情緒，3-6 歲可運用策略來控制自我情緒。但這些文獻資料的呈現，並未獲得幼兒教師們的認同，原因何在，須進一步探究，筆者無法在此定論。不過，我們可以肯定的說，「幼兒的情緒能力是可以被教導的」，而問題在於「幼兒教師們知道如何將情緒議題納入課程活動中嗎？」為了解決這個問題，筆者與八位現職的幼兒教師共同討論、研議，期盼透過實際教學活動的設計與討論，以幼兒教師最常使用的「繪本」教材，進行情緒活動設計，提供幼兒教師及家長們對「情緒」議題的重視與理解。

本書以「繪本」為媒材，意在拋磚引玉。時間倉促，多所疏漏，祈先進們指正為禱。

傅清雪 于臺南

2013/10/30

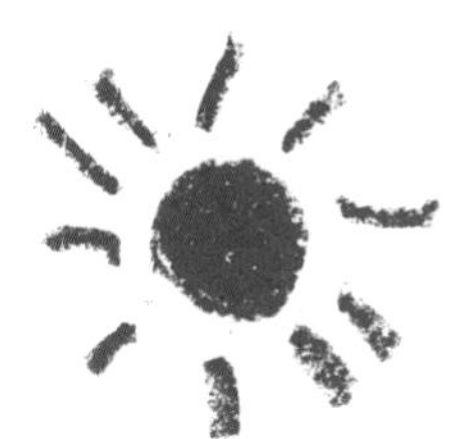

第1章

緒論

近年來「少子化」的議題不斷延續，在子女數減少的情況下，家長對孩子的溺愛情形日趨嚴重，哭鬧、發脾氣、打同學、摔東西等種種負面情緒的表達方式，在各幼兒園中幾乎天天上演。筆者（傅清雪）在進行「幼兒園輔導方案」時，發現第一線的幼兒教師均對此感到無助；更有幼兒教師認為，幼兒情緒不穩定所造成的影響，遠超過其它的教學任務。根據教育部的統計資料，97 學年度（2008 年）國小嚴重情緒障礙的學生人數急速上升，幾乎是五年前的兩倍（教育部，2010）。幼兒的情緒問題，已然是幼兒教師培育者不得不重視的問題。

所幸，2012 年幼托整合後，教育部將情緒領域列入《幼兒園教保活動課程暫行大綱》（教育部，2012；以下簡稱《新課綱》）。情緒領域主要是培養幼兒處理情緒的能力，但情緒是否能教？該如何教？幼兒年紀那麼小，如何能懂呢？幼兒教師不免疑惑。事實上，嬰兒從 2 個月起，即能了解主要照顧者的基本情緒（黃世琤譯，2004）；自 2 歲起，就能辨認情緒，包括情緒的內在認知與情緒的表達技能（Garner, 2010; Izard, 2009）。因此，幼兒園中進行情緒能力的培養是適切的。研究證實（Schutz & Pekrun, 2007）情緒教育能預防青少年犯罪、逃學、退學、低成就與心理疾病等現象的產生；同時能改善教室行為，提高對自我、他人、學校的正向態度。學校應該重視情緒課程的實施，而且越早實施越好（洪蘭，2003）。

近幾年來，國外在幼兒教育中設計情緒相關課程，進行情緒的教導與實驗，均有不錯的成效（Hansen, 2007; Seligman, Ernst, Gillham, Reivich, & Linkins, 2009）。而國內研究（王文君，2009；林孟蕾，2003；潘美玲，2008）針對幼兒的情意態度培養，進行教學實驗，均顯示幼兒情緒是可被教導的。現代兒童心理學家認為情緒是兒童生命很重要的一環，並認為情緒處理應列入幼兒園的中心課程（周念縈譯，2004）。Durlak 和 Wells（1997）的研究指出，情緒教育計畫方案，改變學校的做法，並注重兒童與青少年的需求，可以幫助他們度過緊張與壓力。Wells、Barlow 和 Stewart-Brown（2003）的回顧性研究亦發現，學校以一年時間推行促進情緒幸福感及心理健康方案，確實對學生有益。

對幼兒實施情緒教育，無論國內外，已被證實對兒童的影響是正向的，包含行為、學習及心理層面。但卻少有幼兒教師加以推行；教師們大多關注幼兒的認知成就，忽略情緒的重要性（Park, 2010）。兒童早期教育重視認知過程，忽略情緒的做法，使得幼兒少有機會學習如何控管自我情緒，幼兒教師們認為情緒教育是一種外加的課程，會造成教學壓力（Shelton & Stern, 2004）。教師們甚至認為他們沒有時間為幼兒進行情緒教育（Denham, 2006; Goldstein, 2007; Hatch, 2005; Hyson, 2004）。教育部在幼托整合後，正式推行《幼兒園教保活動課程暫行大綱》，將「情緒」這個被幼兒教師忽略的主軸，納入學習領域。課程的設計理念，即是透過統整性的課程設計，達到「情緒領域」的四項領域目標，包括：

- 接納自己的情緒
- 以正向態度面對困境
- 擁有安定的情緒並自在地表達感受
- 關懷及理解他人的情緒

過去的幼教課程指標，未曾對情緒議題多加著墨，幼兒教師在面對此項幼教新變革，如何應對並與世界潮流、文化融合，為幼兒的情緒能力之獲得盡最大努力，已然成為幼兒教師們關切的課題。情緒領域在《新課綱》中被認為是很難達成的課程目標。事實上，幼兒教師們都曾實施過「情緒教學」，只是未加以標記，或未明確教導幼兒從基本的情緒認識著眼。本書以「繪本」為媒材， 除為讀者解說情緒理論、繪本教學的情緒教育功能、情緒與繪本教學的實施，並由第一線的幼兒教師進行情緒繪本的課程活動設計，企盼從實務的教學體驗中，與讀者們共同分享教學經驗與省思，為幼兒情緒能力之建構而努力。

壹 繪本與情緒教學

一、繪本的教學意涵

繪本係以圖畫為主、文字為輔的書籍，藉由連貫性、敘事結構的圖畫，搭配簡短的文字來詮釋故事內容，吸引孩子的注意，提供認知和想像的素材，適合學齡前後階段的兒童使用（Dockett, Perry, & Whitton, 2006）。幼兒教師在幼兒園內如何對幼兒進行情緒教學？Zambo（2006）認為，積極和結構性地使用適當繪本來進行情緒教學，具有關鍵作用。因為，繪本以圖畫為主的特色，可以吸引幼兒目光，利於教師的教學。繪本的圖文視覺刺激，可以反映角色心境，使兒童在閱讀時能投射角色情感，進而認同故事角色。Zeece（2000）認為，以書、故事及文學建構而成的教學活動，能協助孩子透過情緒與思考的聯結、了解自己和他人情緒的存在與表達方式，並塑造健康的自我形象等途徑，有助於社會情緒的發展。

從兒童的認知發展觀點來看，幼兒本身具備好奇心的探索，如能在教師的引導下進行，可達到更高的效益；而繪本提供教師在教學上的媒介素材（吳淑箐，2006；曾娉妍，2011；Dockett et al., 2006; Hansen & Zambo, 2005; Heald, 2008）。再者，透過「繪本」的閱讀，可以與個人經驗相連結，在科學上已被證實具有學習效用（Bransford etc., 2000）。

「繪本」是一種圖文並陳、以故事呈現的書籍，圖畫用以彌補文字之不足處，來敘述或表達作者所欲呈現的故事內容，兩者相輔相成。以繪本進行教學設計益於兒童的學習發展。本書第三章「以繪本為媒材的情緒課程設計」，將分別解說繪本的定義、繪本與兒童學習發展的關係、繪本的教學功能、《新課綱》「情緒領域」課程設計等，能使讀者進一步了解「繪本」，並加以運用在情緒教學的活動設計中。

二、情緒繪本

「情緒繪本」顧名思義，即是以情緒為主題的繪本。Ghosn（1999）指出，採用與情緒相關主題的繪本，經由成人與幼兒討論及認識情緒，是幫助幼兒學習情緒的重要媒介。因此，為幼兒選擇適宜的情緒繪本，不僅可增加幼兒的情緒經驗，對於情緒的認知與了解都有幫助（Glazer, 2000）。例如，繪本《菲菲生氣了》（李坤珊譯，2001）中，故事主角菲菲在面臨憤怒情緒時，如何抒發、調節，及菲菲為何會生氣等，可提供幼兒教師透過菲菲的情緒事件，與幼兒共同討論，讓幼兒明白「生氣」情緒；不只從故事內容，也可從繪本中的用色、圖像來認識情緒。幼兒教師可透過繪本中的故事情節，讓幼兒了解抽象的情緒，增加幼兒對情緒的認知與理解。

「情緒」（emotion）是一組複雜的主觀因素及客觀因素之間的交互作用，受到神經系統和荷爾蒙系統的調節（Lindquist, Barrett, Bliss-Moreau, & Russell, 2006; Scherer, 2005）。如何讓學齡前幼兒了解抽象及複雜的情緒，「繪本」中的故事情節，經由成人的引導，可協助其認識情緒、了解調節情緒的方法與技巧

（鄭瑞菁，1999）。坊間有不少針對情緒主題出版的繪本，為讓讀者能明確選擇教學使用之情緒繪本，本書於書末的附錄一中列舉數十本情緒繪本，供讀者們參酌。幼兒教師可從繪本的故事內容引導，並延伸教學活動，幫助幼兒認識不同的情緒表達，增加幼兒對情緒的認識及面對不同的情緒事件與回應。經由情緒繪本中故事主角解決情緒問題的方式，及幼兒對主角的認同與楷模學習，培養幼兒情緒能力。

本書第四章「情緒繪本教學實例」，是由現場幼兒教師以情緒繪本為教學之媒介，進行活動設計。透過教師的教學實例分享，期盼與讀者在實際的教學場域中對話。除教學活動設計外，並在第五章「情緒繪本教學反思與建議」，由各幼兒教師反思情緒教學活動之優劣處，及未來實施情緒繪本教學可茲改進之處，供讀者參酌。

情緒與學習

一、學習的情緒心理學理論

近年來，認知科學家研究大腦的結構與功能時發現，在一個高度互動的學習過程中，情緒與認知有交互的關係，會影響孩子的學習與發展（Blair et al., 2007; Damasio, 1999）。Damasio（1999）認為，當教師進行教學時，學生的「認知大腦」與「情緒大腦」同時運作，認知的大腦較側重內容、概念、分析和文字，而情緒的大腦會從意義及以非語言等細微項目，例如面部表情、音調、眼神接觸或身體語言進行學習（Shelton & Stern, 2004）。也就是，當孩子在進行學習時，除了對學習的內容、文字等認知知識的學習外，他們也會對各種情緒的變化進行學習。

情緒在孩子學業成就上，扮演舉足輕重的角色；情緒調節幫助孩子適應課堂環境及優質化兒童的學習及發展（Meyer & Turner, 2002; Op't Eynde & Turner, 2006; Pekrun, Goetz, & Titz, 2002）。現今許多心理學理論被運用於情緒認知的聯結，例如，動機理論（motivational theories）側重於情緒調節能力，有助於學業的完成及個人能力的發揮（Schutz & Davis, 2000）。以動機理論進行的研究顯示，在進行學業任務時，保有好奇心及積極情緒的兒童，比起其他兒童，有較好的學習表現（Lepper, Corpus, & Iyengar, 2005）。有研究指出，學習過程中的正向情緒可能提高解決問題的能力，及促進正向訊息，提高決策能力（Estrada, Young, & Isen, 1994）。Izard（1991）建議，情緒中的興趣（interest）是重要的動機，可以激發創造思考與行動力，及引起注意力。引起更高的注意力，近來已漸漸被認為有助於情緒知識的擴展，及使用適當的情緒來完成任務（Izard, 2009）。繪本中圖文與色彩對幼兒的吸引力、教師講述內容的生動語調與表情等，這些因素可提高幼兒的學習意願。

從心理學理論觀點而言，幼兒進行學習時，「情緒大腦」會針對各種情緒表情、非語言的身體動作、語調等進行學習，也會在自我的興趣及好奇心的促使下，引發更高的學習意願。因此，從上述的文獻中得知，幼兒在學習過程中不僅學習內容，亦會經由教導者或故事內容的情緒表徵進行學習，更會在正向情緒的引導下，產生較高的學習成效。

二、學習的情緒教育理論

Pekrun（2006）的成就情緒控制價值理論（control value theory of achievement emotions），從學習者個人的自我評估及控制自我的價值觀，來喚起學生的學習情緒，這些情緒可促成學生努力去達成學習任務，或成為從失敗中學習的重要關鍵。

幼兒自出生起，即會遇到生理及人際關係事件所引起正面和負面的情緒（Karraker, Lake, & Parry, 1994）。Cicchetti、Ganiban 和 Barnett（1991）認為，早期的情緒行為能力可預測未來的認知及社交結果，尤其是有能力管理負向情緒，及維護正向情緒能力，是幼兒重要的發展成就。而幼兒早期的情緒調節，往往在父母及其他成人的幫助下進行。兒童在學齡前會不斷改善情緒調節能力；他們會尋求成人的協助，避免負向情緒的產生（Fabes & Eisenberg, 1992）。

情緒在幼兒教室是無處不在的，幼兒運用自己的情緒與同儕及教師進行學習，幼兒正確的情緒表達與規範，及了解自我與其他一切工作的情緒，是成功學習的重要經驗（Denham, Brown, & Domitrovict, 2010）。教室中較無法控管的情境，情緒可以傳達關鍵訊息，引導課室內的互動。學齡前幼兒以適切的情緒與同儕互動，可以獲得同儕的認同及更多的社會技能，來自教師的負面評價也會較少（Denham et al., 2003）。也就是學齡前幼兒的情緒能力，可以預測他們未來的學業成就（Garner & Waajid, 2008; Leerkes, Paradise, O’Brien, Calkins, & Lange, 2008）。

參 幼兒情緒學習的重要關鍵因素：幼兒教師

幼兒教師在幼兒情緒學習過程中扮演何種角色？謝曜任（2005）認為教師是幼兒社會化歷程中的重要引導者，是僅次於父母的第二個重要角色。在進行情緒教學課程時，教師扮演引導者、催化者、觀察者和專家的角色；引導者的任務是評估團體需求，決定團體交互作用的性質和焦點；催化者則是刺激團體反應，帶動團體朝向目標前進；參與者是在討論時，與其他成員扮演相同的角色，被成員視為一體；觀察者的角色最為彈性，可適情況需要時，置身於團體之外，以客觀的立場評析團體互動；專家則是知識和智慧之源，適時提供成員協助，幫助成員發現和解決問題（何長珠，2003）。幼兒教師在教學過程中，公開自己轉換情緒的方式及對壓力的反應，並且在教室中與學生進行討論的互動模式，對於幼兒而言，是一種示範行為。幼兒教師透過實例講解，使用合適的語彙來討論、說明情緒，並以鼓勵的方式，引導幼兒互動，此種微妙的方式，正是幼兒教師進行情緒教學所扮演的角色（Panju, 2008）。

學齡前的孩子直到身心發展成熟，才能適度的控制情緒，表現符合社會規範的情緒反應（王珮玲，1992）。在幼兒園的學習環境中，要求孩子完美遵循教室規範，對幼兒教師而言，挑戰性極高。例如，當幼兒感到悲傷時，他可能會以哭來解決當時的情緒，或者他想得到一樣玩具，但玩具卻在其他人手中，此時幼兒可能會以搶奪、哭鬧來解決問題。有些約定俗成的相互禮讓、講道理的常規，對幼兒來說是個較難控制的狀況，也是幼兒教師們在班級經營上的挑戰。因此，幼兒的情緒能力，包括情緒的調節、表達、體驗及認識基本的情緒等，均是幼兒在幼兒園中的社交及學業能力的重要支持（Denham et al., 2010; Hyson, 2002）。當幼兒可以用正向的情緒來表達時，可獲得同儕的認同，促進幼兒的學習（Garner, 2010）。幼兒的情緒調節，使他們能夠得到更多個人正在進行的社交行為或學術能力目標（Schutz, Hong, Cross, & Osbon, 2006）。情緒知識能促進適當的人際交往和學術成功（Trentacosta & Izard, 2007）。幼兒對情緒能力的知能有助於他的人際及學業發展，但如果幼兒教師本身缺乏認知情緒的能力，將會阻礙幼兒發展（Rimm-Kaufman, Pianta, & Cox, 2000）。因此，幼兒教師以「情緒」為鷹架（scaffolding）進行教學已漸受到重視（Schutz et al., 2006）。Hyson（2002）呼籲幼兒教育工作者，應幫助幼兒了解和調節情緒，幼兒教師可以用適當的情緒反應來教導情緒，用正向的情緒來支持幼兒學習。

教師透過示範提供幼兒模範學習，經由語言、行為的接納，鼓勵幼兒積極參與活動並適時提供生活經驗，激發幼兒討論及探索對情緒的想法、感覺與回應。幼兒教師的適時建構，讓幼兒得以與同儕及教師互動，學習並認識情緒、了解情緒，達到「情緒領域」目標：接納自己的情緒、以正向態度面對困境、擁有安定的情緒並自在地表達感受、關懷及理解他人的情緒。

肆 本書架構

為使讀者能融會貫通情緒理論、情緒繪本、情緒教學、《新課綱》情緒領域及實例教學，本書共分為五章撰寫。第一章「緒論」從情緒心理學至情緒教育理論，為讀者分析幼兒情緒之重要性，及其與學習間之關係；第二章「認識情緒」講述何謂情緒、情緒的分類、情緒的功能、幼兒的情緒發展等，導引讀者對「情緒」能有更深的理解；第三章「以繪本為媒材的情緒課程設計」則從繪本的定義、繪本與兒童的學習關係、繪本的教學功能，並延伸解說情緒課程設計的教學原則、活動設計，以能導入《新課綱》「情緒領域」教學目標，從幼兒的情緒發展對照情緒學習指標；第四章「情緒繪本教學實例」由現場幼兒教師以情緒繪本進行教學活動設計，達成情緒領域教學指標。以現場教學為實例，更能貼近幼兒情緒教學效益；第五章「情緒繪本教學反思及建議」由第四章實例教學之幼兒教師省思情緒繪本教學之過程及應興革之處，並提出情緒繪本教學的改進建議，以提供讀者參酌。

Park（2010）認為，透過課室中的教學及互動，可以成為教導孩子情緒的重要工具。但只有如此還是不夠，教師能了解自我情緒，可促進孩子們對情緒的自主學習，這是教師不可或缺的專業能力。因此，當我們思考「如何教孩子情緒」時，教師們亦應考量自我對情緒的認知是否足夠？我們是否已了解情緒，知道如何調節及覺察自我情緒、如何適當表達情緒？這些都有待幼兒教師們的自我調適及省思。作者群亦期盼由此書之出版，與讀者互動及對話，為幼兒及幼兒教師的情緒教學盡棉薄之力。

幼兒情緒
與繪本教學

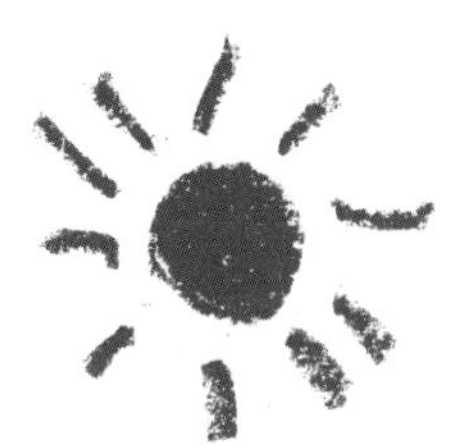

第2章

認識情緒

情緒，賦予每個人充滿獨特的自我展現，讓人與人之間的交流，變得豐富多采。Hyson（2004）形容情緒有如一支彩筆，彩筆一揮，把孩子的童年全都染上繽紛的色調。

壹 情緒是什麼？

「情緒」從心理狀態而言，是一組複雜的主觀因素及客觀因素之間的交互作用，受到神經系統和荷爾蒙系統的調節（Lindquist et al., 2006; Scherer, 2005）。情緒可以引起情感經驗，如愉悅或不快樂等情感；它可產生認知的歷程，如與情感有關的知覺、評價和分類的工作；再者，情緒可以活化一般的生理適應為警覺狀態；情緒更是導致行為的起因，這些行為通常是表達的、目的導向的及適應的行為。例如，小華在幼兒園裡過生日，接受小朋友的祝賀，吃到最喜歡的草莓蛋糕，他感到非常快樂（引發情感經驗）。草莓口味的蛋糕昨天在家裡吃過了，心中一直念念不忘（情感有關的知覺），他高興地跳上跳下（情緒的表達），臉紅通通的很可愛（生理適應）。

國外學者 Lindquist 等人（2006）及 Scherer（2005）的研究指出，情緒是激起個體要達成心中所欲目標的一種動力，然而情緒是否能適當的幫助個體達成心中慾望並產生健康的適應行為，就要視個體在情緒激起時，能否對情緒的目的與情緒反應類型做正確評估。也就是說，個體本身想達成一些心中的想法時，情緒的反應是個重要的動力，有了這個動力，可激起個體達成目標。

另外，情緒亦是一種主觀的心理認知歷程狀態，Barrett、Mesquita、Ochsner 和 Gross（2007）認為，情緒經驗是人類經由知覺後的概念，是在情緒的約束下所產生的企圖狀態藉由一些物體或事件所引發的過程。也就是說情緒有時是個人主觀的感受狀態，純粹是個人內在心理的歷程。例如，看到一隻狗差點被車子輾過，有些人會覺得恐怖，有人會感到憤怒，或許有人會覺得那是一件刺激的事。這些情緒的反應可能是個人主觀的感受，而且與個人曾有過的情緒經驗有關。

因此，「情緒」是由特定的刺激所造成之短暫且強烈的感受（Barrett et al., 2007; Lindquist et al., 2006; Scherer, 2005）。它是一種籠統的心理狀態，不只有內在主觀的感受，還包含對「刺激」的認知評斷，以及隨之產生的行為衝動、生理變化與外在反應等。總而言之，情緒發生的過程包括：刺激事件、認知評價、心理感受，以及生理變化、行為衝動和外顯行為（Plutchik, 1980）。

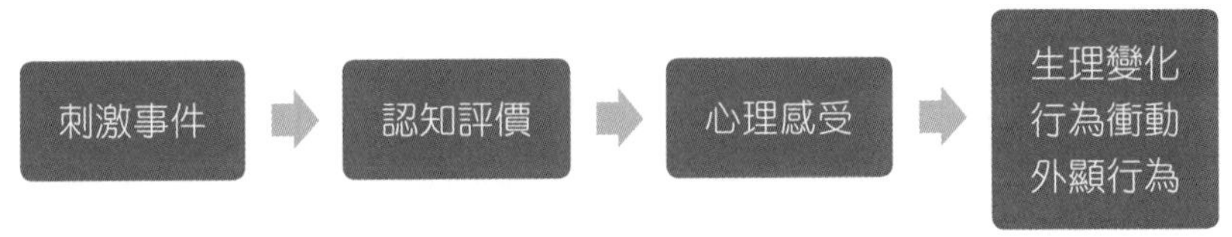

圖 2-1　情緒發生的過程

資料來源：Plutchik, R. (1980).

情緒發生的過程就如同上述圖示，人在刺激事件發生後，經由快速的認知評價，隨即產生內在的心理感受，以及內外在均有的生理變化與行為衝動，最後出現的，就是別人可以辨識的外顯行為。這些看似簡單的過程，卻夾雜著許多變數，好比說，刺激事件經過不同個體的認知評價後，可能會產生不同的反應；例如，戶外教學時，突然下起雨來，有些小朋友高興地跳躍，因為下雨讓他覺得很涼快，但有些小朋友會緊張，因為他怕自己心愛的書包淋到雨。這說明了同樣的刺激對不同個體的意義是不盡相同的，情緒反應從個體對情緒刺激的評價而來。評價後如果發現對自己有好處，會有快樂喜悅的感覺，產生趨近的生理衝動與外顯行為；相反的，如果評價後對自己不利，則會感到不快樂，而產生逃避等生理衝動與外顯行為。這種「趨利避害」的反應，形成了「正向」及「負向」兩種類型的情緒。

從上述的解說中，「情緒」的定義大致可獲得認同，但有時又會與心情（mood）、情感（affection）產生混淆。究竟，情緒、心情、情感三者有何差異？事實上，從心理的感受來看，這三者是略有不同的。心情是由非特定刺激所造成的，它是長期持續且強度較弱之感受；情感則是包含情緒、心情和氣質等多方的心理歷程感受（Russell, 2003）。Beedie、Terry 和 Lane（2005）認為，心情與情緒區別最常用的指標是持續性與起因，心情無特定原因及方向背景，持續較長的時間；而情緒則是短暫的、有特定原因且有一定的方向。

Russell（2003）認為情緒、心情均是情感狀態的經驗，只是在經驗上感覺好或壞的差別，而人會給予一些影響知覺的因素，使之增強或減弱，個人的核心情感會隨之改變（圖 2-2）。

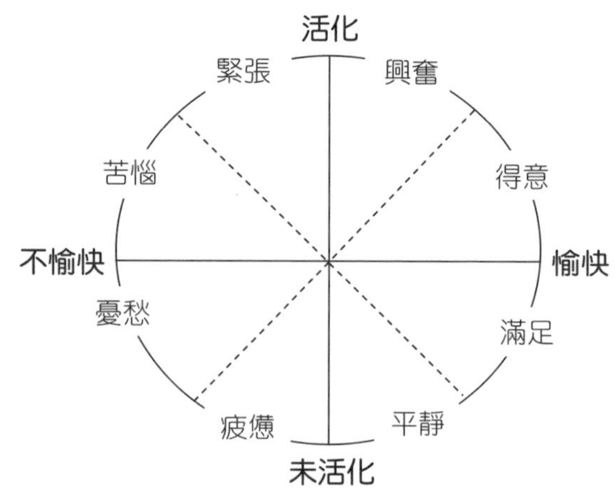

圖 2-2　核心情感圖

註：實線為情緒種類分隔，虛線是動能區別分隔。
資料來源：Russell, J. A. (2003: 148).

綜而言之，情感是範圍最廣泛的感受，它是情緒與心情的綜合體。而情緒的產生是經由先前事件引發認知內容與反應，使個體能知覺造成此種感受的原因。心情是一種較為持久但強度較弱的感受；情緒則是短暫存在的強烈感受，並且隨著時間消褪，有可能轉換成一般的心情狀態。例如，考生因落榜而感到難過，當下情緒是激烈的，但隨時間流逝，就不再有強烈的情緒，轉而變成一種自怨自艾的心情。

貳 情緒的分類

情緒是由內、外在刺激所引發的一種主觀的反應狀態，是一種歷程，也是一種經驗。不同的文化會產生不同的情緒表達方式（Van Hemert, Poortinga, & Van de Vijver, 2007; Santangelo, 2007）。情緒的分類與深入探究，係從西方開始，而華人的儒家思想中，亦有與情緒類似的字詞分類。

一、西方心理學家的情緒分類

二分法是情緒分類中最常被提出的。例如：Watson、Wiese、Vaidyas 和 Tellegen（1999），以愉快（pleasant）和不愉快（unpleasant）來分類情緒。Linnenbrink 和 Pintrich（2002）則將情緒區分為正向情緒（positive emotion）及負向情緒（negative emotion）。所謂正向情緒是指個體透過對情緒刺激的評價獲得滿足感，所產生的情緒，例如：高興、喜悅、希望等愉快的情緒；負向情緒則是指個體不滿意情緒刺激的評價結果，所產生的情緒，例如：生氣、悲傷、失望等不愉快的情緒。但情緒的分類不僅是正負向而已，除了以上述二分法來區分情緒的類別外，應包括個體本身對情緒感受的能量（energy）與動力（mobilization）（Russell, 2003）。因此，情緒又可分為活化（activation）與未活化（deactivation）之情緒。活化的情緒（例如，希望或羞愧）讓個體感覺到能量與動力；而未活化的情緒（例如，放鬆或無助）則讓個體較無能量。Pekrun 等人（2002）則從情緒的價數（valence）與活性（activation）程度兩個面向，區分為四種類型之情緒：正向活化情緒（享受、希望、自豪）、負向活化情緒（生氣、焦慮、羞愧）、正向未活化情緒（放鬆）及負向未活化情緒（無助、無聊）。

當然，情緒世界非常複雜，不是簡單分類就可以說明清楚。如果將情緒以正負向兩極化分法，將忽略或扭曲人類豐富情緒生活的複雜性和微妙性（Solomon & Stone, 2002）。不過，為顧及人類的感受及經驗，情緒大致被區分為正向及負向情緒兩類。正向情緒是指和個體目標一致、令人舒服的情緒（例如：快樂）；負向情緒則是指和個體目標不一致、令人感到不舒服的情緒（例如：憤怒、恐懼、悲傷）。

西方心理學家約莫認為人的情緒有下列幾種分類：(1) Ekman、Sorensen 和 Friesen 於 1960 年以大學生為研究對象，歸納出：快樂（happiness）、悲傷（sadness）、憤怒（anger）、驚訝（surprise）、厭惡（disgust）、害怕（fear）等六項情緒（Evans, 2003）；(2) Plutchik（1980）認為，人類有八種基本情緒：害怕／恐懼（fear/terror）、生氣／憤怒（anger/rage）、高

興／狂喜（joy/ecstasy）、悲傷／悲痛（sadness/grief）、接受／信任（acceptance/trust）、討厭／嫌惡（disgust/loathing）、期望（anticipation）、驚奇（surprise）；(3) Fischer、Shaver和 Carnochan（1990）從美國人的習慣情緒用語中，歸納出五種基本情緒：愛（love）、喜悅（joy）、憤怒（anger）、悲傷（sadness）和恐懼（fear）；(4) Cornelius（2000）則將情緒分為：快樂（happiness）、悲傷（sadness）、害怕（fear）、噁心（disgust）、生氣（anger）和驚訝（surprise）等六種。

二、儒家的情緒分類

在華人儒家思想的言論中並無明確的「情緒」字眼，在討論相關情緒感受時，即出現以「情感」描述為主的字詞（陳維浩，2005）。「情」在中國的語彙中，即是個多重意義的詞，不論「感情」或「情感」，均與歐美國家所描述的略有不同（Santangelo, 2007）。中國儒家思想的情緒觀，在以西方心理學為依歸的情緒探索潮流中，漸被西方學者重視，進而逐步轉化重生（杜維明，2004）。

而中國古代儒家哲學對「情」的解說，有種慾望、真實的實踐或是同情、友誼與愛的支持（Santangelo, 2007）。陳維浩（2005）認為，能對情緒產生作用的便是「情感」，情緒是短暫的，僅是受到外部刺激才會產生的當下反應，但情感則具有較大的穩定性與持久性。易言之，情緒藉由情感的支配將之表現於外，兩者並無太大差別。因此，西方心理學家所謂的情緒，從中國儒家哲學觀點而言，即是情感表達的象徵。故，儒家情緒觀的分類，即是以「情」的表述為之，大致可分為「四情」、「六情」和「七情」（Fu, 2012）。「四情」以《中庸》首章「喜怒哀樂」的調節來闡述「達道」之境；「六情」以荀子所論述的「好、惡、喜、怒、哀、樂」是人生下來就具有的本性，是自然的情感；「七情」則是以《禮記 · 禮運》中所言「喜、怒、哀、懼、愛、惡、欲」是人生而具有的自然情感，不必經過學習而來（Fu, 2012）。

Nisbett（2003）在東西方文化差異的研究中，認為儒家思想影響華人的行事作為。Weber（1951；引自汪珍宜，1989）探究中華文化發現，「儒家強調情緒上的自制及修身，君子之道即是要壓抑任何會破壞至善的不理性情緒。」因此，孔子所倡導「仁者不憂，智者不惑，勇者不懼」三達德的君子風範，及孟子所言「富貴不能淫，貧賤不能移，威武不能屈」的大丈夫氣概，此等之自制與壓抑的情緒觀，影響今日華人處事態度與原則。

參 情緒的功能

情緒提供有意義的社會訊息，人類因此而產生改變，被認為是扎根人際關係的基礎（傅清雪，2013；Garner & Estep, 2001; Saarni, 1999; Thompson, 1991）。情緒的功能大致可分為：引發動機功能及社會功能（傅清雪，2013）。

一、引發動機的功能

情緒將會「引發」你針對某些實際或想像的事件而採取行

動，因此，具有動機的功能。情緒還會引導和維持你的行為朝向特定的目標；情緒也可以提供你有關自身動機狀態的回饋，它可以通知你某個反應特別指的是什麼，或某個事件與自身是有重要關聯的。

二、情緒的社會功能

情緒的社會功能包括以下三種：

(一)情緒具有調節社會互動的功能

情緒可以是正面或負面的社交互動，當它是正面時，使你與他人可以連結起來；如果是負面的，它使你與他人保持距離。有些心理學家認為，大部分情緒是源於人際關係，情緒是體驗人際關係的樞紐所在。

(二)情緒可以激發利社會行為

當我們覺得心情不錯時，較可能從事各種助人的行為。例如你今天考試考得很好，情緒愉悅，因此比較願意幫別人做些原本不是你必須做的，如幫人跑腿之類的。是故，情緒的好壞在利社會的行為評估上，具有很大的幫助。

(三)情緒具社會溝通功能

當某個人發怒而滿臉脹紅時，你會知道稍作退讓；而當你見到有人以微笑相對時，你便知道可以接近他。這些來自他人的非語言表達，可以讓你看出對方的情緒。

從幼兒情緒反應的觀點來看，Plutchik（1980）指出，人類情緒的主要功能包括：第一，與重要他人溝通自己的內在狀況；第二，促進對於環境的探勘能力；第三，促進緊急情況下的適當反應。「緊急反應」通常是平靜的個體突然遇到新刺激的第一個反應，例如，平靜躺著的幼兒，被突如其來的鞭炮聲嚇到，大多會以哭來表達驚嚇情緒。嬰幼兒尿布濕了，感到不舒服，會用不愉快的表情或哭聲與主要照顧者溝通，以達到有效的照顧。 也就是說，情緒是基於成功生存的基因碼的行為演化，以增加個體的生存機率（Plutchik, 1980）。

肆 幼兒的情緒發展

情緒狀況不佳及對社會的適應不良，是學齡前兒童的共同性，因為他們才剛開始發展語言以及藉由語言來調節他們的思想、情感和行為（Egger & Angold, 2006）。幼兒會因為與同儕及教師的溝通困難，而發展成內化行為問題（如抑鬱、焦慮），或使用人身攻擊，以傳達自身的需要（Denham & Weissberg, 2004; Merrell & Gueldner, 2010）。我們經常會注意幼兒的外在行為，例如攻擊他人，而幼兒內在的情緒問題，則較少被注意而忽略它的重要性。Merrell（2001）即認為，兒童的情緒發展問題如不加以解決，此種長期負面影響的結果可能導致行為障礙。有研究（Compton, Burns, Egger, & Robertson, 2002）顯示，童年的內在疾病會引起青春期的藥物濫用問題；而這些問題行為在成人的指導與干預下，是可預防的（DellaMattera, 2011）。因此，幼兒教師了解幼兒的情緒發展，進而引導幼兒，對其未來的社會適

應有正面的影響。

Hyson（2004）認為兒童情緒有三個主要特性：第一，情緒反應的強度隨著成長而逐漸變弱；第二，兒童可將情緒反應逐漸轉化為社會認可的情況；第三，經過訓練與社會壓力，可漸次改進某些明顯的情緒反應。

Hyson 認為不同年齡的兒童有不同的情緒發展變化，包含情緒表達、情緒調節、情緒理解、回應他人情緒、情緒依附等五個向度（魏惠貞譯，2006）。其內涵分別說明如下：

一、情緒表達

情緒表達意指「伴隨情緒狀態，在臉上、身體、聲音、動作上產生一些可見的改變」，這些改變有些是天生反應，有些則是經由外在模仿學習而來（Lewis & Michalson, 1983）。兒童情緒表達方式會因其生理及心理的發展而有所差異。兒童學習如何掌握其情緒表達行為，除了可以獲得良好的人際關係外，更可以得到他人的支持及認可（Garner & Estep, 2001; Saarni, 1999; Thompson, 1991）。

二、情緒調節

個體為了因應情緒刺激，所產生的一種有目的性之調節歷程。在調節過程中會依情緒狀態自主性地或以自然反應的方式，對情緒反應予以修正或改變，此即「情緒調節」（Saarni, 1999; Thompson, 1991）。Thompson（1991）的研究結果顯示，情緒調節發展的特徵會隨年齡增長而改變，嬰兒期大多傾向於外在調節，學步期與學前期則傾向外在調節與內在調節的過渡期。Cole、Martin 和 Dennis（2004）的研究發現，幼兒在幼兒園階段，開始對不愉快情緒有較好的處理策略，他們會藉由注意力的控制、認知的修正、認知的詮釋等三種方法進行情緒調節。江文慈（1999）的研究指出，兒童中期（5-8 歲）對情緒的調節發展極為快速，他們了解情緒經驗可藉由內在情緒的再調整加以改變，例如在悲傷情境中，會想像快樂情緒及刻意分心轉移對悲傷的注意。

三、情緒理解

Harter 的研究指出，兒童的情緒理解從 4 歲到 12 歲共經歷了五個層次的發展（張慧芝譯，2001）：

層次 0：兒童並不了解任何兩種感覺是可以並存的，此一階段的兒童甚至無法認知同時有兩種近似情緒的感覺。

層次 1：兒童逐漸發展出各自有別的情緒範疇，一種為正面的情緒，一種為負面情緒，然後在每一種情緒範疇內再分化出其他情緒。此層次兒童可以同時覺知到兩種情緒，但僅止於兩種都是正面的或負面的，且指向相同的目標。

層次 2：心象構圖階段（約 5-6 歲）的兒童能夠辨識兩種相同類型的感覺指向不同的目標，但無法認知矛盾的感覺。

層次 3：已經發展出心象系統的兒童（約 7 歲）能夠整合他

們的正面情緒與負面情緒，能夠了解同時有矛盾的感覺，但僅止於指向不同的目標。

層次 4：較大的兒童能夠對相同的目標描述出對立的感覺（約 10-11 歲）。

四、回應他人情緒

兒童對他人情緒的反應從直率回應到以「社會參照標準」來回應他人感受，逐漸發展出同理心的感受（Hoffman & Nye, 1974）。例如，嬰兒期可感受他人悲傷情緒，但分不清誰在悲痛；幼兒期知道誰在悲痛，但無法辨認自己與他人感受的不同；學齡前幼兒可了解，不同情境下，人會有不同的感受與想法，且不同對象會有不同反應。幼兒園階段的幼兒，已能清楚了解個體的情緒差別，及情境的可能影響，他們透過各種管道，學習如何與人合作、理解他人情感，及從同理心的角度來回應他人情緒（Hoffman & Nye, 1974）。

五、情緒依附

兒童從父母或主要照顧者身上得到情緒慰藉，隨著年齡增長，其情緒依附對象轉為多元，包括教師、手足、同儕等，皆與其產生情感交流，互相關懷之情誼（Hyson, Whitehead, & Prudhoe, 1988）。Hyson 認為，兒童發展或建立情感依附的安全感，須得到穩定、溫暖、接納及富有回應學習環境的滿足（魏惠貞譯，2006）。

總而言之，兒童的情緒發展從基本的情緒表達，進而逐漸發展成熟的情緒能力，還包含了情緒的理解、調節、回應及依附。兒童的情緒表達有些是與生俱來的，華人傳統的觀念中，如《禮記・禮運》「喜、怒、哀、懼、愛、惡、欲七者，弗學而能」；《荀子・正名》「性之好、惡、喜、怒、哀、樂謂之情」都言明情緒是天生下來就會的，不必教導。王珮玲（2010）認為，幼兒的氣質（temperament）是天生的，孩子的情緒本質各有差異，但是可藉由引導而改變。江文慈（1999）認為，在人類發展過程中，有許多的情緒發展任務是必須在「兒童期」完成的，兒童的情緒能透過模仿學習（Lewis & Michalson, 1983）。因此，如何在幼兒園中透過課程的設計，幫助孩子認識情緒、了解情緒，進而發展更成熟的情緒，實為幼教工作者可著墨之處。2012年幼托整合後，教育部將情緒領域列入幼兒園《新課綱》中。但情緒是否能教？該如何教？幼兒年紀那麼小，如何能懂呢？本書後續章節將以繪本為媒材，從實際教學中探究情緒教導的成效，企盼與讀者們共同為「如何教孩子情緒」之議題共同努力。

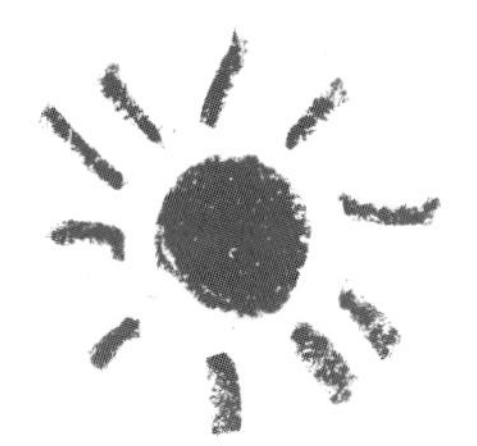

第3章

以繪本為媒材的情緒課程設計

沒有文字的書籍亦可以刺激兒童的閱讀。十九世紀的 Lewis Carroll 將他著名的《愛麗絲夢遊仙境》（*Alice in Wonderland/Through the Looking-Glass*）改寫成童書版後，成為教育界注目的焦點。他主張透過教師的鷹架，繪本中的「圖」成了故事的重點。過去研究中對於圖像認知歷程的了解遠不如語文認知歷程，但事實上圖像認知在教育上具有多方面的價值（汪曼穎、王林宇，2006）。圖像認知的迅速、有效率及不太需要學習的特性（Biederman, 1987），使一般人不但容易低估圖像認知歷程的複雜性，也傾向不認為圖像認知是一種可以代表智慧的心智能力。然而，透過「繪本」的閱讀可以與個人經驗相連結，在科學上已被證實是具有效用的（Bransford etc., 2000）。

本章從何謂繪本談起，續而分析繪本的功能，及其與教學之關係，並論述以繪本為媒材的《新課綱》情緒課程設計之原則，期盼能以「繪本」為媒材，為教學現場的情緒議題，設計符合幼兒學習的課程模式。

何謂繪本

繪本，在中文也常被稱為「圖畫書」，顧名思義就是「畫出來的書」，是英文 pictures book 的翻譯。「繪本」一詞的來源可推至美國公共圖書館兒童館藏的分類用詞：是以圖畫為主、文字為輔，甚至在書中不出現任何文字的讀物；其中圖畫扮演了統整故事脈絡發展的角色，使得故事更為持續、完整與豐富。繪本是透過一系列的圖畫與少許相關文字或完全沒有文字的結合，以傳遞知識或說故事為主旨（洪慧芬，1996；鄭瑞菁，1999；鄭雪玫，1993）。總之，繪本是一種圖文並陳，相輔相成，故事呈現的書籍。

繪本與兒童的學習發展

教學的第一要件便是獲取注意，而繪本上的色彩正可做為吸引或指引學生注意力的有利條件（Gagné, 1977）。Egan（1988）在《用說故事來教學：小學課程與教學的另一取向》一書中，主張教師應使用故事的敘說來組織課程結構。兒童能夠親身經歷或親眼看到的事物並不多，藉由所閱讀的繪本，可提供兒童有關其他城市、不同國家、地區或不同時代的人物生活狀況及不同的人生看法等，豐富他們的認知和想像（郭麗玲，1991）。Liston（1994）從神經科學的理論出發，論述在教學上引用說故事（story-telling）與敘事（narrative）的重要性。他表示，若不將新訊息與學生腦中先前建立的神經網路連結或擴展，則其連結會很短暫。所以，故事是一種有意義的脈絡，使新事物與學生腦中先前建立的神經網路連結並延伸。Lauritzen 和 Jaeger（1997）用後設分析的觀點來分析學生的「學」，認為「故事」是一種記憶的結構。因此，兒童從繪本故事中聯結自我記憶，並從新訊息的脈絡中對新事物產生連結。繪本對兒童學習來說，是一種有利的教學媒材。

從兒童認知發展觀點而言，不同年齡階段各有其不同的心智特徵；皮亞傑（Piaget）認為前運思期（preoperational period；2-7 歲）的兒童，是以立即觀察與直接經驗來學習，他們對周遭的新事物感到好奇，卻以自我中心的視角來觀看萬物，無法體會到他人的處境、想法。此時期的兒童比較能夠接納生活常規及經驗性的日常生活故事。待兒童到具體運思期（concrete operational period；7-12 歲）逐漸擺脫自我中心，開始留意別人的觀點及建立時空概念，從經驗日常生活事件中，逐漸形成留意他人想法的發展階段，其認知的焦聚亦會將興趣轉移至童話故事。從皮亞傑的兒童認知發展觀點來看，前運思期的幼兒（也就是幼兒園階段的幼兒），具觀察能力，對事物好奇，基於安全考量，教導幼兒生活體驗，「繪本」不失為知識傳遞的媒介，而且以視覺刺激來引發幼兒的好奇與興趣，將可增進教師的教學效能。當幼兒漸漸成長進入小學，也就是具體運思期階段，在此階段的兒童，認知過程會進行知識的轉化。「繪本」結合圖像與文字的故事呈現，可協助兒童進行轉化，亦是幼兒教師教學的重要參考。

不同於皮亞傑的兒童階段性認知發展，維高斯基（Vygosky）則是強調社會環境對兒童思考發展上扮演重要的角色，他提出「最近發展區」（zone of proximal development, ZPD）的看法，認為孩子的學習雖然要靠自己的學習動機，但他人在孩子的學習發展上扮演一個引導的角色，也就是在孩子學習過程中鷹架其所需之知能；這些引導者包含父母、老師及強有力的工具與文化產物，亦可輔助孩童的學習（Bransford etc., 2000）。因此，藉由繪本中的圖像與文字，透過教師的鷹架——也就是教師的協助、敘說、引導下，兒童的學習成效將是可以預期的。但教師如何有效的引導，並針對幼兒喜好挑選適宜的繪本，則是幼兒教師們的另一課題。

參 繪本的教學功能

繪本係以圖畫為主、文字為輔的書籍，藉由連貫性、敘事結構的圖畫搭配簡短的文字來詮釋故事內容，吸引孩子的注意，並提供認知和想像的素材，適合學齡前後階段的兒童使用（Dockett et al., 2006）。Zambo（2006）認為，積極和結構性地使用適當繪本來進行情緒教學，對於幼兒在幼兒園內的情緒教學具有關鍵作用。繪本以圖畫為主的特色，可以吸引幼兒目光，利於教師的教學。繪本在教學上提供了多面向的學習功能（吳淑箐，2006；洪蘭，2001；徐素霞，2001；曾娉妍，2011；

Dockett et al., 2006; Hansen & Zambo, 2005; Heald, 2008）：

一、提供認知素材與生活經驗

繪本的內容包羅萬象，舉凡社會、自然、歷史、地理、藝術等，孩子可藉由繪本的閱讀，體驗不同生活方式，學習不同人、事、物的看法，間接豐富經驗，開闊視野。

二、促進語言發展

繪本的文字內容簡單扼要，透過簡易的文字內容及圖畫呈現故事，兒童經由發問、表達想法等方式，無形中增加了詞彙的質與量，有助於兒童溝通與表達能力。

三、養成閱讀習慣

繪本藉由圖畫吸引兒童的注意，進而吸引兒童閱讀，兒童藉由閱讀繪本學習獲取知識及獨立學習的技能，使其產生閱讀故事的樂趣，逐漸培養出良好的閱讀習慣。

四、涵養美學素養

繪本是圖畫與文字的組合，從圖畫與文字的闡述，理解繪本中的故事情節，讓兒童在閱讀的同時，亦能培養其欣賞圖畫的審美觀，提升其美學素養。

五、培養創造想像的能力

繪本蘊藏豐富有趣的知識與經驗，有助於激發兒童的思考，產生學習遷移的效果。

六、強化社會適應力

繪本內容可以反應兒童生活規範、社會道德與人際互動的議題，讓兒童在無形中學習良好的道德觀與人生價值觀，增加其適應社會的能力。

七、形塑情緒發展的模式

繪本可反應兒童的生活、幫助兒童自我發展、幫助兒童了解情緒、控制情緒。繪本針對成長中的障礙、負向情緒，透過角色融入故事中，兒童較容易融入其中並產生經驗共鳴，有助於情緒的引導，及益於行為的導正。

繪本圖文並茂，敘述故事的轉折，帶領兒童超越自我經驗，進入一個可想像、討論、思考的空間。在認知學習，生活經驗擴展、美學的涵養、語文能力的增長、形塑情緒發展模式、培養創造想像力及社會的互動模擬等，都在繪本的「圖」與「文」中呈現。繪本的圖文共同閱讀，讓兒童可以直接或間接的獲得學習，此乃繪本教學功能的體現。

新課綱「情緒領域」課程設計

一、情緒教學的課程設計

在本書緒論中已提及，嬰兒從 2 個月起即能了解主要照顧者的基本情緒（黃世琤譯，2004），而幼兒從 2 歲起，就能辨認情緒，包括情緒的內在認知與情緒的表達技能，甚至是道德的理解或情緒的調節能力（Garner, 2010; Izard, 2009）。無論國內外，在幼兒園中進行情緒課程教學，均證實是有效益的（王文君，2009；林孟蕾，2003；潘美玲，2008; Seligman et al., 2009; Hansen, 2007）。因此，對學生施以情緒教育，並融入課程教學中，可改變學生的行為及社會關係能力（Durlak & Wells, 1997; Wells et al., 2003）。

《新課綱》中的「情緒領域」內涵，即是培養幼兒處理情緒的能力，「情緒能力」是指一個人處理情緒有關的能力。其中包括了：情緒「覺察與辨識」能力、情緒「表達」能力、情緒「理解」能力、情緒「調節」能力（教育部，2012）。

《新課綱》並對情緒有關能力做出以下解釋：個體覺察到內外在刺激，有情緒出現時，能辨識當時是何種情緒狀態，即為「情緒覺察與辨識」的能力；而幼兒理解情緒產生的原因，能知道發生什麼事以及自己對事情的看法，稱為「情緒理解」能力；幼兒學習運用各種策略來改變負向情緒或過度激動的情緒，就是「情緒調節」能力；最後，學習理解所處文化的規則，適時、適情境及適角色來表達情緒，稱為「情緒表達」能力。綜觀《新課綱》中意欲培養幼兒之情緒能力，即是幼兒對情緒的察覺辨識、理解、表達及調節。Denham（1998）從情緒發展的觀點而言，認為欲對幼兒進行情緒教育，其內容應包括情緒察覺與理解、情緒表達、情緒調節等。因此，無論從《新課綱》的領域內涵，抑或幼兒情緒發展而言，教導幼兒正確的表達情緒，運用策略調節情緒，能察覺並理解情緒因何而來，是情緒課程設計的重要內容。以下分別闡述：

(一)情緒察覺與辨識

情緒是主觀的，因為即使是同樣的情境，不同的人會表現出不同的感受（Lindquist et al., 2006; Scherer, 2005），例如，下雨天，有人覺得天氣變涼了是件快樂的事，但有人會覺得溼答答的，會有煩躁或不安的情緒。當然，幼兒尚缺乏對複雜情緒的理解與分化，及對某些情緒間的因果關係的認知（Denham, 1998）。但，大部分學齡前幼兒能辨識基本情緒（快樂、生氣、害怕的表情），而複雜的情緒，例如嫉妒、煩惱等，則較難從臉部表情來加以辨識（黃世琤譯，2004）。不過，如何讓幼兒從基本情緒的認識開始，能知道自我的情緒，並覺察認識生活中他人的情緒，建立對情緒的概念，此為幼兒園進行情緒教育的重要性。幼兒從生活中體驗自己及他人情緒，促進其與同儕及社會脈動的和諧，是《新課綱》中情緒領域的重要內涵。「情緒教育」幫助幼兒分辨自己當時的情緒，並幫助幼兒更深一層分析為何有這種情緒，讓幼兒隨時能感覺自己的情緒，了解自己的情緒，體驗自己的情緒（吳英璋，2001）。

(二)情緒表達

「情緒表達」是指個體處於情緒狀態下，在生理、心理及外顯行為上所表現的一切變化或活動，包含表情、語態、動作等，以達到抒解情緒、與他人溝通的目的（張春興，2006）。Ashiabi（2000）認為幼兒可否用正確的方式來表達情緒，在日後的社交活動上扮演重要角色。我們可以從幼兒在情緒表達的類型、頻率和持久性上來判斷幼兒的社交能力。情緒表達不僅是幼兒與社會的重要關鍵，亦會影響幼兒的行為（Denham, 1998）。幼兒教師透過教學活動的設計，與幼兒共同討論並探索適宜的情緒表達方式，不僅能讓幼兒學習如何表達情緒，亦能透過表達與同儕進行互動。

(三)情緒理解

情緒理解在《新課綱》的課程目標，即是理解自己、他人及擬人化物件情緒出現的原因。繪本中的各種角色等，均是所指的擬人化物件。Park（2010）探究幼兒教師協助幼兒認識情緒，理解情緒的活動，來鷹架幼兒的學習，同時回應幼兒的情緒感受，也以正確的情緒名稱及情緒為何而來，與幼兒討論情緒，可以正向幫助幼兒理解情緒，明白引起情緒的原因。例如：《菲菲生氣了》繪本中的主角菲菲，因姐姐搶她的玩具，菲菲非常生氣，發出怒吼；幼兒教師以繪本中主角的情緒及故事內容，透過支持情緒理解活動的鷹架，與幼兒討論菲菲生氣的原因，並讓幼兒回憶可能的相同情境，讓幼兒說出自己生氣的經驗感受，引導幼兒使用正確的情緒名稱，及了解情緒引發的原由，如此反覆地與幼兒共同討論並釐清， 讓幼兒理解人們為什麼會產生情緒。實施情緒教育能讓幼兒理解人們為什麼會產生情緒。

(四)情緒調節

學齡前階段的幼兒是發展情緒調適與情緒控制的關鍵時期（黃世琤譯，2004）。此階段幼兒大多在幼兒園與同儕相處，並學習團體活動及生活技能，他們被期望能夠學習處理挫折，例如，當與其他幼兒無法協調相處時，他們如何控制自己並在轉換情境時調整自己的情緒。有時在面對他人（教師或同儕）的怒氣，或當幼兒傷害到別人感情，產生焦慮情緒時，幼兒均需有情緒調節的能力；而此種調節情緒的能力，在《新課綱》「情緒領域」的課程目標中指出，促進幼兒「運用策略調節自己的情緒」。但依幼兒的能力評估，他們尚無法對他人的情緒進行調節，因此，教導幼兒運用方法調節自我情緒，是情緒領域中「情緒調節」的重要課程目標。

兒童早期（3-6 歲）開始會運用認知策略調節自己的情緒和表現，能接受簡單的規範，對情緒的表達操控漸佳（曾娉妍，2011）。幼兒藉由情緒調節的過程，逐漸學會控制自己在情緒的回應與管理情緒對自己造成的負向影響，透過此過程，幼兒漸漸表現環境與文化肯定的情緒表達行為和方式（魏惠貞譯，2006）。吳英璋（2001）認為，如何幫助幼兒適當的情緒發展與情緒感知，協助他們能適切地表達情緒，將會是構成情緒教育的內容主體。

情緒發展是指人類從出生開始，其情緒經驗及情緒表達，隨著年齡與學得經驗的增加而逐漸改變的歷程（張春興，2006）。換言之，幼兒對情緒察覺與辨識、情緒表達、情緒理解、情緒調節，會隨著幼兒的年齡增長，而有所不同。曾娉妍（2011）彙整國內外學者看法，列舉人類在 0-12 歲時期之情緒發展特徵與任務（表 3-1），不難看出人類因不同年齡會有不同的情緒表現與理解：

表 3-1　人類在 0-12 歲時期之情緒發展特徵與任務

階段名稱（年齡範圍）	情緒發展特徵與任務	
	情緒表達與情緒調節	情緒理解與情緒辨識
嬰兒期（0-1 歲）	(1) 一出生的嬰兒就有基本的情緒反應，吃飽睡足時，會表現正向情緒；反之，當飢餓或身體不適時，就會表現出負向情緒。 (2) 4-5 個月大時，會經由臉部動作表達情緒。6 個月大前，已具備基本情緒，如果成人給予關愛讚美，會表現較多正向情緒，會透過吸吮或轉移目標調節負向情緒。	(1) 在情緒理解方面，已能區分面部表情。3-6 個月則表情差異更明顯。 (2) 開始有社會檢索的表現，會藉由他人的表情來評估事件，主動尋求重要他人的訊息，來補充自己的訊息，進而對刺激做出評估及反應。

接下頁

承上頁

幼兒期（1-3 歲）	1-3 歲，幼兒開始有次級情緒表現和更多自我情緒的覺察，企圖控制不舒服的刺激或壓力來源。	(1) 透過玩遊戲和活動與人互動，逐漸有同理心反應。 (2) 在 3 歲左右就能辨識別人面部表情所蘊含的快樂、憤怒與悲哀等情緒。
兒童早期（3-6 歲）	開始會運用認知策略，調節自己的情緒和表現，能接受簡單的規範，對情緒的表達操控漸佳。	(1) 能了解外在的原因與情緒的關係，主要是透過肢體運動表達來認識情緒，5 歲時以行為表現及生理反應因素為辨認情緒依據；6 歲時多傾向以情境因素為辨認情緒的依據。 (2) 同理心反應已形成，常有同理表現。
兒童期（6-12 歲）	(1) 自我情緒覺察伴隨道德判斷，內在自我標準形成，更能專注自己的情緒問題。 (2) 逐漸由自我中心轉而認知並觀察同儕文化和社會，並逐漸學習表現出能被周遭環境接納和符合社會期許的情緒反應。 (3) 9 歲後，渴望獲得同儕團體的認同及讚許。	能統整周遭線索（行為表現及生理反應）來了解他人情緒。此時期的同理心反應相當強烈。

資料來源：曾娉妍（2011: 33）。

從上表中可知，不同年齡有不同的情緒發展特徵。《新課綱》（教育部，2012）從「情緒產生的來源」將之分為「自己」和「他人與環境」兩個學習面向。「自己」指的是自身因受到環境的刺激而產生情緒反應，「他人與環境」中的「他人」是指幼兒可以感受到他人受環境的刺激而產生的情緒反應；而「環境」指的是幼兒以擬人化的形式，投射自身對環境中事物刺激（包括環境中的動植物、物件、文本及影片等）的情緒反應。幼兒在情緒面向的學習，多從自己開始，再逐漸擴展到他人及環境中的事物。

《新課綱》（教育部，2012）「情緒領域」針對所揭櫫的四項領域能力：「覺察與辨識」、「表達」、「理解」、「調節」，再依「自己」、「他人與環境」兩個學習面向，將情緒領域的課程目標設定為：

情-1-1　覺察與辨識自己的情緒

情-1-2　覺察與辨識生活環境中他人和擬人化物件的情緒

情-2-1　合宜地表達自己的情緒

情-2-2　適當地表達生活環境中他人和擬人化物件的情緒

情-3-1　理解自己情緒出現的原因

情-3-2　理解生活環境中他人和擬人化物件情緒產生的原因

情-4-1　運用策略調節自己的情緒

表 3-2 《新課綱》情緒領域課程目標

	自己	他人與環境
覺察與辨識	情-1-1 覺察與辨識自己的情緒	情-1-2 覺察與辨識生活環境中他人和擬人化物件的情緒
表達	情-2-1 合宜地表達自己的情緒	情-2-2 適當地表達生活環境中他人和擬人化物件的情緒
理解	情-3-1 理解自己情緒出現的原因	情-3-2 理解生活環境中他人和擬人化物件情緒產生的原因
調節	情-4-1 運用策略調節自己的情緒	

資料來源：教育部（2012：104）。

《新課綱》（教育部，2012）情緒領域的課程目標「情-1-1」與「情-1-2」是情緒覺察與辨認能力的目標，幼兒經由學習，從知道自己有情緒出現，進展到能覺察與辨認自己、他人、動物和擬人化物件在同一事件中存在著多種情緒。課程目標「情-2-1」、「情-2-2」是關於情緒表達能力的目標，幼兒從有情緒就表現出來，進展到運用符合社會文化規範的語言或非語言行為來表達自己、他人和擬人化物件的情緒，也就是逐漸學習到合宜的表達情緒。課程目標「情-3-1」和「情-3-2」是關於情緒理解能力，主要是理解自己、他人及擬人化物件產生情緒的原因，從只注意產生情緒的事件，到了解情緒是由個體對事件的想法引起的。課程目標「情-4-1」為情緒調節能力的學習目標，強調幼兒從與他人互動中，學習運用不同的策略調節自我情緒，並進一步協助他人調節情緒。而幼兒對他人和環境並無情緒調節的課程目標。

《新課綱》（教育部，2012）亦針對不同年齡層，再從各學習目標，分別設定學習指標，利於幼兒教師設計課程之依據與檢核。各年齡層之學習指標，請參閱本書之附錄二。

二、情緒課程的設計原則

(一) Hyson 的情緒課程設計原則

在幼兒園中進行情緒教學對幼兒情緒之認識與調節有幫助，但如何進行情緒課程的設計，Hyson（引自魏惠貞譯，2006）認為有幾個原則須注意：

1. 創造一個富安全感的情緒學習環境，透過可預測性、接納、回應、微笑、注視、親近、身體接觸的感覺、言語與音調等來溝通情感，建立安全感。
2. 幫助幼兒了解情緒，透過支持情緒理解的活動、反應幼兒的情緒表現、回應幼兒的情緒感受、使用正確的情緒名稱以及情緒由來的探討，增進幼兒情緒了解能力的發展。
3. 示範真誠合適的情緒回應，透過選擇所要示範的情緒、找機會示範合宜的情緒、培養有效情緒示範者的特徵和促進幼兒對成人情緒示範楷模的模仿等方式進行。
4. 支持幼兒的情緒適應，創造和諧的人際關係及氣氛、促進同儕之間互動、提供幼兒機會並從遊戲活動中學習，以營造有利於情緒調適能力發展的環境。

5. 了解及尊重幼兒的情緒表達方式，藉由教室組織與活動、觀察的方法來界定幼兒情緒表達的方式，理解幼兒獨特情緒的回應型態，以尊重幼兒的個人特色。
6. 積極的情緒幫助幼兒的學習，透過求新求變、體能律動、臉部表情、精熟練習等方式發展幼兒積極的情緒。

(二)《新課綱》的情緒課程設計原則

幼兒教師在進行情緒教學時，上述 Hyson 所提的六大原則，與《新課綱》所揭示的教學原則亦有頗多相似之處。《新課綱》中情緒領域教保活動實施的原則，就是建立幼兒能理解及接納自己和他人情緒的情境，並學習以合宜的情緒狀態面對自己和他人。為了協助幼兒發展情緒領域的能力，教保服務人員（以下均與本書所指幼兒教師相同）要能提供幼兒安全、溫暖且有正面情感連結的外在環境，透過合宜的示範、配合其他領域的課程設計及日常生活的隨機教育等，以達成情緒之領域目標。

《新課綱》（教育部，2012）提供七項情緒領域實施教學時宜掌握的具體要點，本文將之列出，供讀者參考：

1. 提供可被幼兒接納的安全環境

提供一個接納、溫暖及開放的環境是進行情緒領域教保活動首要的條件。教保服務人員宜規劃動線清楚、合宜的活動空間，讓幼兒能在短時間內熟悉環境，專注在學習上。其次，要安排動靜適宜且穩定的作息時間，建立合理的常規，協助幼兒在安定、有次序及祥和的氣氛下學習。活動室內，宜建立屬於幼兒個人的空間，例如個人置物櫃與名牌等，使幼兒感受到自己是屬於團體

的一份子。安排具有柔軟度與隱密度的空間，讓幼兒得以從團體生活壓力中放鬆；並提供各式各樣的教具教材，例如鏡子，可以幫助幼兒察覺辨識自己的情緒；沙、水彩、黏土等無固定形式的素材，可以讓幼兒愉悅地創作把玩。教保服務人員可以主動與幼兒聊天，專注地傾聽與回答，以了解幼兒當時的情緒狀態；也可以透過肢體（例如擁抱或手勢）、口語的鼓勵與分享等，使幼兒感受到教保服務人員對自己的關心與愛護。

2. 鼓勵幼兒表現正向情緒，並接納負向情緒的流露

在情緒領域活動的實施中，對於幼兒正向及負向情緒的表現，教保服務人員皆應給予鼓勵及接納。並在隨機教學或規劃的學習活動中，逐漸培養幼兒正向的思考。但是在學習的過程中，容許與接納幼兒負向情緒的出現，並慢慢地引導其學習符合社會文化的方式來表達自己的情緒。

3. 掌握幼兒在情緒能力上的個別差異，針對情緒能力較弱的幼兒設計課程活動或提供學習機會

由於情緒能力的發展會受個人因素（包括生理、心理的特質與發展程度）和環境因素（包括家庭、幼兒園、社會、物理及自然環境）等的影響，而有不同頻率、強度、持久度及複雜度的差異，例如性別、家中排行及就讀幼兒園的時間等，因此，教保服務人員應儘量去了解並尊重幼兒情緒各向度的個別差異性。

教保服務人員可利用幼兒在各種學習活動、獨處、進食、休息或與幼兒個別談話的機會，觀察幼兒情緒能力發展的現況，也可透過與家長會談或聯絡簿，認識幼兒在不同情境所展現的情緒能力，進而接納並尊重幼兒的差異，運用各種適合的教學策略協助幼兒提升情緒能力。

除了與其他課程配合的教學外，情緒領域也可針對培養特定情緒能力而提供有系統的學習經驗，以強化某些特別的需要。例如在活動中，觀察幼兒較少表現出來的情緒能力，並加強過去較少被注意的情緒調節教學，從區辨自己的想法，進而改變想法，協助幼兒發展出更多的情緒調節策略。教保服務人員亦可視幼兒的發展狀況與需求，妥善安排各種體驗性質的活動。

4. 覺知自身的情緒，並以正向情緒的流露展現身教

由於情緒的學習是隨時都在進行的，因此教保服務人員平常就要能以溫暖、合宜的語言和肢體行為與幼兒相處，讓幼兒對學習情境有足夠的信任感。同時，教保服務人員可以運用各種機會營造愛與關懷的氛圍，以利幼兒情緒能力的發展。若教保服務人員常使用鼓勵表達、自問自答或討論的方式讓幼兒思考日常生活中所遇到的問題，並說出自己的想法，將有助於幼兒從教保服務人員的身教或生活故事中，學習以改變想法的策略來調節自己的情緒。例如：「老師今天出門前發現鞋子壞了，如果你是老師，你會覺得怎麼樣？可是老師後來想想，還好是出門前就發現鞋子壞了，可以馬上換一雙，如果半路才發現就更麻煩了。」

反過來，教保服務人員若常表現出心情低落或破壞物品的方式，或如上述實例，老師若以臉部表情或肢體動作（例如愁眉苦臉或用力摔鞋子等）抒發自己負向的情緒，幼兒可能就會學習到運用表情及行為，作為調節情緒的策略。

5. 了解與尊重不同文化或經濟背景家庭對情緒表達的差異，並幫助幼兒理解社會規範

在現今多元文化兼容並蓄的社會中，情緒的表達方式可能會因為次文化或家庭經濟背景而有所不同，因此更需要透過了解而後產生包容與尊重。教保服務人員如發現班上幼兒經常以激烈動作、粗暴口語、唯唯諾諾或忍氣吞聲的方式表達其負面的情緒時，可嘗試了解幼兒情緒成因是否與其家庭背景有關聯性，並適時安排對情緒的認知、提供情緒表達與調節相關的課程與活動（例如請幼兒演示合宜與不合宜的情緒表達方式，並進行討論），以提升幼兒相關的情緒能力。

6. 隨時注意引發情緒的相關事件，運用實際事件作為學習的契機

情緒的發生是伴隨著外在刺激而來。許多不適宜的情緒表達或理解，可能僅源自其中一次的生活經驗，即使是很久沒刺激的經驗，該連結仍存在於大腦的學習機制中，且有可能產生自然回覆的現象（例如童年時期的經驗，仍可能對成年後的生理、心理健康產生影響）。因此，要協助幼兒發展情緒的覺察辨識、表達、理解及調節等能力，不能只仰賴為情緒領域設計的學習活動。

在日常教學中，教保服務人員要能對幼兒產生的情緒狀態，給予適時的機會教育，透過討論幼兒的感覺、想法和行為，認識情緒產生的原因或對事件的解讀，包括改正不適當的行為。除此之外，教保服務人員還需提供各種自身或其他幼兒的情緒經驗，適時把握隨機可教導的機會，協助幼兒發展情緒能力。例如幼兒

在學習或生活中遇到挫折，即可適時地引導幼兒覺察與辨識自己當下的情緒狀態；或與幼兒討論情緒產生的可能原因，引導幼兒從不同的角度思考與尋找解決問題的方法，並且盡可能創造機會讓幼兒親身練習。

7. 建構促進幼兒情緒能力發展的教學，不刻意激發情緒的出現

情緒是遇到刺激後的主觀反應，其本身並不需要教導。情緒是自然產生的，幼兒傷心時就會哭、高興時就會笑。因此情緒領域的教學活動，並不單單只認識情緒的基本內涵，而應掌握能促進情緒能力的發展，著眼於情緒能力的提升。

情緒能力的培養常需隨著日常生活掌握隨機教學的機會，或配合其他領域的教學活動來進行學習。教保服務人員隨時可運用下列四個問句：「你或他（們）覺得怎樣？」、「為什麼會覺得這樣？」、「這樣表達適合嗎？」及「真的是這樣嗎？還有什麼可能？」以協助幼兒情緒能力的發展。

結語

學生透過閱讀繪本察覺自己的情緒與感受，繪本的故事和插圖能提供學生經歷類似情緒的討論、處理的方式及結果，教師可透過教學策略來幫助學生學習情緒表達技巧（陳書梅，2009；蕭雲菁譯，2008；Zambo, 2006）。陳書梅（2009）認為當幼兒遇到情緒問題時，父母或老師可與孩子一起閱讀繪本並進行討論，引導兒童改變想法，學習以較成熟、樂觀的思考，面對問題，解決情緒困擾。這種藉由繪本的故事內容，從主角的感受，引發幼兒共鳴的「書目療法」，許多研究均證實具有情緒療效。每個幼兒的情緒能力會隨著年齡增加而有個別差異，Brown、Donelan-McCall 和 Dunn（1996）認為，幼兒初期的情緒發展可以預測未來的情緒能力表現，當幼兒擅長從社交情境中分辨主角情緒，或是知道從情緒圖表中說出情緒的正確名字， 未來就較能解決衝突情緒及有較佳能力來處理複雜的情緒。

《新課綱》以統整課程方式進行教學活動，六大領域（身體動作與健康、認知、社會、語文、情緒、美感）涵蓋幼兒在幼兒園中的一日作息及全園的活動，情緒領域除在課堂的教學活動外，當然幼兒在園中的任何活動均包含其中。例如，幼兒溜滑梯不小心跌倒、與其他幼兒搶玩具、剛到園時心情不佳等等，均可透過教師的引導、觀察，導入「情緒領域」的學習指標中。當然，幼兒教師為加強幼兒的「情緒能力」，可經由以「情緒」為主的課程活動設計，來加強幼兒的情緒能力培養。本書下一章，係由第一線的幼兒教師，以情緒繪本為活動設計範本，進行幼兒情緒能力培育之活動設計，企盼與讀者分享、討論，達成「情緒領域」的課程目標，也讓幼兒學習如何察覺情緒、表達情緒、理解情緒、調節情緒。

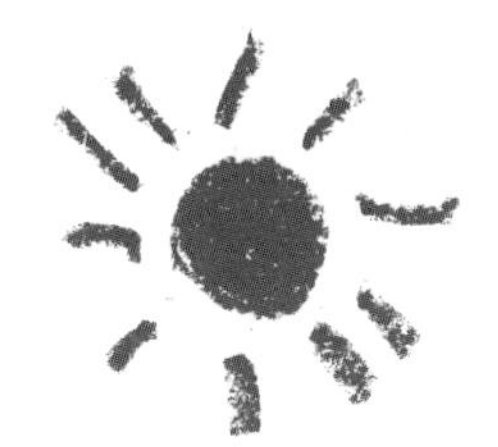

第4章

情緒繪本教學實例

天真無邪的幼兒也會有不如意之事，在心情低落，不知如何抒解情緒時，有時會選擇哭鬧、摔東西、打人，或自己躲在角落裡，但這樣就能調節負向情緒、釋放負面情緒嗎？答案恐怕是否定的。究竟如何幫助幼兒有效的調節情緒，常是家長、幼兒教師困擾之事。陳書梅（2009）認為，成人以繪本與兒童進行討論，使兒童學習以樂觀態度來抒解情緒、解決問題的「書目療法」，即是運用繪本的第一人稱觀點來敘述故事，直接處理主角的感受，較容易使兒童產生共鳴。陳書梅（2009）並提出五個書目療法步驟與做法，提供教師及家長們參考：

1. 重述

請兒童用言語或繪圖方式，重述故事內容的某一段、主角情緒困擾問題、主角的情緒感受、價值觀或行為等。

2. 指認

請兒童指出故事內容中，與自己生活經驗相似之處。

3. 探索

請兒童探索自己生活經驗中，曾經遇到的事件和結果。

4. 推論

讓孩子由此類推生活中的相關事件。

5. 評估

讓孩子評估，若類似事件再度發生，是否還有其他選擇與解決方法。

當孩子情緒不佳時，成人要做的不是教孩子逃避，而是幫助他們正視自己的情緒，了解自己的情緒，學習使用適宜的方式來表達、調節情緒，培養孩子們的情緒能力，這也是《新課綱》（教育部，2012）「情緒領域」所揭櫫欲培養幼兒的「覺察與辨識情緒」、「表達情緒」、「理解情緒」、「調節情緒」等四項情緒能力。

在第三章中，筆者已提及，幼兒對情緒察覺與辨識、情緒表達、情緒理解、情緒調節，會隨著幼兒的年齡增長而有所不同。在本章的實例教學中，首先由筆者與幼兒教師共同討論，選用適宜的情緒繪本，並針對欲教導幼兒之情緒類別，以繪本內容為導引，分別設計教學活動，並進行教學後討論及教學後評量。教學活動分別以大班、中班、小班等三個年齡層，進行課程活動設計及實施概況，與讀者共享與對話，期盼共同為培育幼兒情緒能力而努力。

大班幼兒情緒與繪本教學實例

主題：戰勝恐懼

教學活動設計：曹天鳳

指導修正：傅清雪、劉淑娟、謝來鳳

書名：不要惡作劇

文字作者：鐵皮人美術

圖畫作者：鐵皮人美術

出版社：漢湘文化事業股份有限公司

內容提要

比比是一隻臉大、肚子大、膽子也大，什麼都不怕的浣熊，比比很喜歡嚇別人。有一次比比拿毛毛蟲嚇小綿羊，嚇得小綿羊拼命喊救命！直說軟綿綿的毛毛蟲好噁心哦！小綿羊生氣的看著比比，比比看到小綿羊被嚇到好開心。接著，比比又扮演尖尖的鬼嚇小野雞、在手上塗番茄醬當血來嚇小狐狸，被牠嚇過的動物們都很生氣，於是小狐狸想了一個好辦法讓比比不敢再惡作劇。

小狐狸在森林活動日時，也假扮怪物嚇比比，讓比比知道被嚇的感覺不是很舒服，比比終於知道自己不該亂嚇別人，並且向小綿羊、小野雞和小狐狸道歉。

設計理念

在平常生活中，每個人都會遇到生氣、害怕的事，要如何抒發生氣、害怕的情緒才能調解自己的心情呢？我們希望透過繪本的教學活動，讓幼兒知道生氣、害怕的感覺。從活動中，讓幼兒能適時表達生氣、害怕，知道如何面對自己的情緒及抒發情緒的方法，將負面的情緒轉化成正面的力量。

課程架構

活動名稱	情緒活動內容	情緒指標
喔！怕怕！	講述及討論生氣、害怕的情緒事件	情-大-1-1-1、情-大-1-2-2、情-大-2-1-1、情-大-3-1-1、情-大-2-2-1
我的心情	臉部創意畫、生氣或害怕情緒的抒發、害怕情緒的調節	情-大-1-1-1、情-大-1-1-2、情-大-2-1-1、情-大-2-2-1、情-大-3-1-1、情-大-4-1-1、情-大-4-1-2
黑黑，怕怕	蒙眼遊戲讓幼兒體驗到恐懼、害怕情緒	情-大-1-1-1、情-大-1-1-2、情-大-2-1-1、情-大-2-2-1、情-大-3-1-1、情-大-4-1-1、情-大-4-1-2
踩氣球	害怕情緒感受及體會	情-大-1-1-1、情-大-1-1-2、情-大-1-2-1、情-大-2-1-1、情-大-2-2-1、情-大-3-1-1、情-大-3-1-2、情-大-4-1-1、情-大-4-1-2
大聲公	從理解、表達到抒發情緒，藉由團體合作力量為自我情緒尋得抒發管道	情-大-1-1-1、情-大-1-2-1、情-大-2-1-1、情-大-2-2-1、情-大-3-1-1、情-大-4-1-1、情-大-4-1-2

活動名稱：喔！怕怕！

學習目標：能安靜聆聽故事
能說出生氣、害怕情緒的感覺

活動流程：

一、引起動機

1. 教師展示繪本《不要惡作劇》，請幼兒觀察在封面中看到了什麼？

二、繪本導讀

1. 與幼兒一同討論：在繪本故事中，浣熊比比和動物們發生了什麼事呢？
2. 教師帶領幼兒一起閱讀繪本內容。

三、問題與討論

1. 認知
   (1) 在故事中浣熊比比做了哪些事呢？
   (2) 你覺得浣熊比比做的事都是對的嗎？
   (3) 如果你是浣熊比比，你會和牠做一樣的事嗎？
2. 省察
   (1) 動物們看到浣熊比比做的事有什麼感覺呢？
   (2) 為什麼動物們都會對浣熊比比生氣呢？
   (3) 當動物們感到生氣、害怕時，牠們會出現什麼樣的動作和表情呢？

(4) 想想看，當你生氣、害怕時，你會做哪些事讓自己的心情變好呢？

3. 比較

(1) 如果你遇到生氣、害怕的事，你會有什麼樣的表情呢？

(2) 想想看，在生活中還有哪些事會讓你感到生氣、害怕呢？

(3) 你曾看過別人生氣、害怕嗎？為什麼他們會生氣、害怕呢？

(4) 當你看到別人生氣、害怕時，你會做什麼事來安撫他們呢？

4. 自我應用

(1) 你對這個故事繪本有什麼樣的看法和想法呢？

(2) 這個故事告訴我們，我們不可以隨便對別人惡作劇。

教學資源：《不要惡作劇》繪本

評量方式：幼兒安靜聆聽故事、了解故事內容

《新課綱》學習指標：情-大-1-1-1、情-大-1-2-2、情-大-2-1-1、情-大-3-1-1、情-大-2-2-1

教學時間：40 分

活動名稱：我的心情

學習目標：能表達出生氣、害怕的情緒
能調節、抒發生氣、害怕的情緒

活動流程：

一、引起動機

1. 教師準備一些不同臉部表情的圖卡（如生氣、害怕）。
2. 請幼兒分別說出看到的臉部表情圖卡。
3. 當你感到生氣、害怕時，你是屬於哪一個臉部的表情呢？

二、心情表達方法：臉部創意畫

1. 教師發給幼兒每人一張圖畫紙和一面鏡子，請學生看著鏡子畫出自己害怕的臉部表情。
2. 分享自己畫的生氣、害怕的表情。
3. 透過畫圖的方式讓學生表達對生氣、恐懼害怕的心情。

三、分享與討論

1. 問幼兒用繪畫的方式能不能讓他的心情變好？為什麼？
2. 除了用繪畫的方式讓心情變好之外，請幼兒想想看是否還使用過其他方法來調節生氣、害怕恐懼的情緒。

教學資源：臉部表情卡、圖畫紙、鏡子

評量方式：生氣、恐懼害怕情緒的表達與調節

《新課綱》學習指標： 情-大-1-1-1、情-大-1-1-2、情-大-2-1-1、情-大-2-2-1、情-大-3-1-1、情-大-4-1-1、情-大-4-1-2

教學時間： 40 分

活動名稱：黑黑，怕怕

學習目標： 能表達出害怕、恐懼的情緒

能體驗害怕、恐懼的情緒

能調節、抒發恐懼、害怕的情緒

活動流程：

一、引起動機

重述《不要惡作劇》繪本內容，展示臉部表情的圖卡，讓幼兒知道恐懼、害怕的表情。

二、體驗害怕：蒙眼遊戲

1. 教師讓幼兒以兩人為一組的方式進行活動。
2. 一人蒙眼，另一人則要當小幫手攙扶蒙眼的人到指定的地方。
3. 在活動進行中，小幫手要儘量安撫蒙眼的人，讓他不會感到害怕、恐懼。

三、分享與討論

1. 活動結束後，請幼兒分享剛剛蒙眼走路的感覺如何？
2. 在蒙眼的過程，你如何讓自己感到不害怕呢？
3. 你喜歡這種蒙眼走路的感覺嗎？
4. 藉由蒙眼遊戲讓幼兒體驗到恐懼、害怕的心情，這樣的情緒會讓人不舒服。（以同理心對待別人）

教學資源：蒙眼絲巾或眼罩、臉部表情的圖卡

評量方式：恐懼、害怕的表達與抒發

《新課綱》學習指標：情-大-1-1-1、情-大-1-1-2、情-大-2-1-1、情-大-2-2-1、情-大-3-1-1、情-大-4-1-1、情-大-4-1-2

教學時間：40 分

活動名稱：踩氣球

學習目標：能表達出害怕、恐懼的情緒
能體驗害怕、恐懼的情緒
能調節、抒發恐懼、害怕的情緒

活動流程：

一、引起動機

教師拿出氣球，慢慢吹氣以營造緊張氣息。

二、踩氣球活動

1. 教師將氣球灌滿氣，讓幼兒體驗踩氣球的遊戲；以競賽的方式進行活動，請幼兒在指定時間內踩破氣球，剩最多氣球的人獲勝。
2. 問幼兒在剛剛踩氣球的過程中，你會感到恐懼或害怕嗎？為什麼？
3. 你是用什麼方法讓自己不會感到恐懼、害怕呢？

三、分享與討論

1. 問幼兒剛剛在玩遊戲的過程，你的心情是如何呢？
2. 透過遊戲讓幼兒體驗到恐懼、害怕的心情。

教學資源：氣球、打氣筒

評量方式：恐懼、害怕的表達及體會

《新課綱》學習指標：情-大-1-1-1、情-大-1-1-2、情-大-1-2-1、情-大-2-1-1、情-大-2-2-1、情-大-3-1-1、情-大-3-1-2、情-大-4-1-1、情-大-4-1-2

教學時間：40 分

活動名稱：大聲公

學習目標：能表達出害怕、恐懼的情緒
能調節、抒發恐懼、害怕的情緒

活動流程：

1. 請學生在心裡想一件讓自己恐懼、害怕的事，並用大聲公喊出來說「我不害怕……」。
2. 請學生分享剛剛用大聲公說話的感覺。
3. 除了這些活動可以抒發恐懼、害怕的情緒外，想想看還有哪些方法可以調節恐懼、害怕的心情呢？
4. 當你感到恐懼、害怕時，你是如何抒發自己的情緒呢？

教學資源：大聲公

評量方式：恐懼、害怕的表達及調節

《新課綱》學習指標：情-大-1-1-1、情-大-1-2-1、情-大-2-1-1、情-大-2-2-1、情-大-3-1-1、情-大-4-1-1、情-大-4-1-2

教學時間：30 分

主題：控制生氣的小天使

教學活動設計：王秀文

指導修正：傅清雪、劉淑娟、謝來鳳

書名：我變成一隻噴火龍了

文字作者：賴馬

圖畫作者：賴馬

出版社：和英文化事業有限公司

內容提要

波泰是一隻會傳染「噴火病」的蚊子，有一天，他看到了愛生氣的阿古力，於是就叮了阿古力一個大包。被叮的阿古力，非常生氣，大叫了一聲：「啊～～」，沒想到，這一叫，阿古力從嘴巴噴出了熊熊大火，他變成了一隻噴火龍了！

變成噴火龍的阿古力，生活變得很不方便，他想盡了各種方法來滅火，還是沒有辦法滅火。阿古力傷心的哭了起來，哭了好久好久，沒想到，淚水跟鼻水把大火都給澆熄了，阿古力高興的笑了，其他的朋友也都恭喜他。

設計理念

你常常生氣嗎？你喜歡生氣嗎？生氣曾對你造成什麼困擾？每個人忘掉生氣的方法都不一樣，你是用哪一種方法呢？

藉由繪本的教學活動，帶領幼兒省思自己的情緒，找到適合自己的情緒出口。首先，先檢視自己在哪些情況下容易生氣；接著看看生氣的自己，回想自己生氣後常會做出哪些錯誤的行為或是令自己後悔的事。隨後再讓幼兒反思，既然知道自己生氣會造成一些破壞或是傷害，那麼下次再遇到同樣讓自己生氣的事時，該如何面對因應，好讓自己不生氣或是讓自己生氣的情緒獲得抒解，現在就讓我們一同學習控制生氣，成為情緒的小天使喔！

課程架構

活動名稱	情緒活動內容	情緒指標
小小噴火龍	生氣情緒的察覺與表達：講述故事及討論情緒事件	情-大-1-1-1、情-大-1-2-1、情-大-1-2-2、情-大-2-1-1、情-大-2-2-1、情-大-3-1-1、情-大-4-1-1、情-大-4-1-2
心情扇	生氣情緒的理解與表達：擠眉弄眼、畫出自己的心情	情-大-2-1-1、情-大-2-2-1
滅火行動	生氣情緒的調節：聽音樂、數數字、深呼吸、找顏色……調節生氣情緒的方法	情-大-2-1-1、情-大-2-1-2、情-大-4-1-1、情-大-4-1-2

活動名稱：小小噴火龍

學習目標：能安靜聆聽故事
能說出生氣的感覺

活動流程：

一、引起動機

1. 教師展示繪本《我變成一隻噴火龍了》，請幼兒觀察並說說看封面中的噴火龍怎麼了呢？

二、繪本導讀

1. 與幼兒一起討論：你們覺得繪本中的噴火龍會發生什麼事呢？
2. 帶領幼兒一起閱讀繪本內容。

三、問題與討論

欣賞完繪本故事之後，教師與幼兒一起討論：

1. 認知
   (1) 繪本中的主角是誰？
   (2) 牠發生了什麼事？
2. 省察
   (1) 蚊子波泰最喜歡吸哪一種人的血？
   (2) 阿古力被蚊子叮了之後有什麼感覺？接著又發生什麼事呢？

(3) 其他人看到生氣的阿古力，會有什麼感覺或舉動呢？

(4) 生氣的阿古力最後為什麼笑了起來呢？

3. 比較

(1) 生活中你會遇到哪些事情讓你很生氣呢？

(2) 當你生氣的時候，你會做哪些事情讓心情變好呢？

(3) 你看過其他人生氣嗎？他們為什麼會生氣？

(4) 當別人生氣的時候，你應該怎麼辦呢？

4. 自我應用

(1) 你對於繪本中的噴火龍有什麼想法呢？

(2) 在班上小朋友的討論之中，你覺得哪一位小朋友處理心情的方式最好呢？

四、學習單

1. 教師發下學習單，請幼兒利用繪圖的方式，表達自己會生氣的原因。
2. 引導幼兒透過學習單進行分享，如：我很生氣，因為……

教學資源：《我變成一隻噴火龍了》繪本、學習單

評量方式：生氣情緒的表達及調節

《新課綱》學習指標：情-大-1-1-1、情-大-1-2-1、情-大-1-2-2、情-大-2-1-1、情-大-2-2-1、情-大-3-1-1、情-大-4-1-1、情-大-4-1-2

教學時間：40 分

活動名稱：心情扇

學習目標：能表達生氣情緒
能理解生氣情緒
能調節生氣情緒

活動流程：

一、引起動機：擠眉弄眼

1. 教師準備數面鏡子。
2. 引導幼兒觀察鏡中的自己，並試著做出不同的表情。
3. 收集不同的表情圖片（喜、怒、哀、樂等），請幼兒模仿這些表情，並照鏡子，觀察自己的臉部表情。
4. 與幼兒討論：當臉上出現不同的表情時，心情有何變化呢？

二、心情扇

1. 準備一些兩面空白的扇子。
2. 引導幼兒在扇子的兩面分別畫出生氣和開心的臉。
3. 說出一些之前幼兒所提到會令自己生氣的事件，問問小朋友這時的心情如何呢？有什麼方法可以讓生氣的臉轉變成開心的臉呢？

三、分享與討論

1. 在今天的活動中，你看到鏡子中生氣的自己，心裡會有什

麼感覺呢？

2. 如果鏡子中出現開心的臉，心裡又會有什麼感覺呢？
3. 展示幼兒創作的心情扇，當你看到別人對你擺出生氣的臉時，心裡會感覺如何呢？
4. 你希望別人用生氣或開心的臉來對待你呢？為什麼？

教學資源：鏡子、美術素材

評量方式：生氣情緒的表達

《新課綱》學習指標：情-大-2-1-1、情-大-2-2-1

教學時間：40 分

活動名稱：滅火行動

學習目標：能找出調節生氣情緒的方法

活動流程：

一、引起動機

1. 教師挑選節奏沉重及輕快的音樂各一首。
2. 播放音樂讓幼兒聆聽，並請小朋友說說看自己對於這兩段不同節奏的感覺。
3. 配合音樂節奏，引導幼兒做出肢體動作，如：生氣的時候會叉腰、跺腳……

二、消氣妙招

1. 心靈饗宴
   (1) 教師事先準備一些大自然的心靈音樂。
   (2) 請幼兒輕輕地閉上眼睛，聆聽教師播放的音樂。
   (3) 一段時間之後，再請幼兒慢慢張開眼睛。
   (4) 請幼兒說說看剛才聆聽音樂時的心情。
   (5) 當你生氣的時候，如果聽到這首音樂，心情會變得如何呢？
2. 數數字
   (1) 教師請幼兒大大地吸一口氣，從 1 慢慢地數到 10。
   (2) 多練習幾遍之後，再練習心中默數 1 到 10。

3. 深呼吸

(1) 教師先示範深呼吸的方式（吸 234、吐 234）

(2) 請幼兒跟著教師的指令進行深呼吸的練習。

4. 找顏色

(1) 由教師指定顏色名稱，如：請你找找看紅色在哪裡？

(2) 請幼兒用眼睛尋找這些顏色。

三、討論與分享

1. 剛剛進行過的四種消氣妙招（聽音樂、數數字、深呼吸、找顏色），你覺得最喜歡哪一種方法？為什麼？
2. 你覺得還有哪些方法可以讓你舒緩生氣的情緒呢？請你試著分享喔！
3. 將這些消氣妙招記錄在大海報上，隨時提醒幼兒可多利用這些方法。

教學資源：節奏沉重及輕快的音樂、心靈音樂、海報

評量方式：生氣情緒的調節

《新課綱》學習指標：情-大-2-1-1、情-大-2-1-2、情-大-4-1-1、情-大-4-1-2

教學時間：40 分

貳 中班幼兒情緒與繪本教學實例

主題：著急、恐懼之情緒認知
教學活動設計：方咨又
指導修正：傅清雪、劉淑娟、謝來鳳

書名：爸爸走丟了
文字作者：五味太郎
圖畫作者：五味太郎
翻譯：漢聲雜誌
出版社：英文漢聲出版股份有限公司

內容提要

我跟爸爸去百貨公司逛街，那邊賣好多東西耶！我們走到玩具部看到好多各式各樣的玩具！每樣玩具看起來都好好玩喔！我也來玩一下吧！當我正專心玩著電動玩具，不知道什麼時候，咦？爸爸呢？我和爸爸走散了，糟糕……怎麼辦？對了，爸爸今天穿的是西裝，我先看看誰有穿西裝就可能是爸爸喔！這麼多人，我可以找得到爸爸嗎？

設計理念

孩子們都有和爸爸媽媽出門購物的經驗，萬一發生和爸爸媽媽走散的事情，當下心情是如何呢？有什麼方法能找到爸爸媽媽呢？要如何事先預防才不會發生這件事呢？

每個人遇到事情都會產生不同的情緒，情緒分為相當多種，高興、生氣、難過、害怕、著急、懷疑、恐懼……孩子們在幼兒園階段還不太能分辨得清楚，做出正確的情緒表達，以致大人們無法適時地做出協助及輔導。運用繪本《爸爸走丟了》一書，來帶入著急、害怕情緒，讓孩子藉由故事內容產生同理心及情緒的辨識。在活動設計上引導孩子認識各種情緒、何時會有這種情緒產生、有什麼方法可以讓心情好起來、學習萬一走丟時的應變能力，及增進孩子自我保護、解決事情的方法等，為本次活動設計的主要目的。

課程架構

活動名稱	情緒活動內容	情緒指標
心情猜一猜	講述及討論情緒事件中害怕情緒的察覺、表達、理解	情-中-1-1-1、情-中-1-2-1、情-中-1-2-2、情-中-2-1-1、情-中-2-2-1
心情魔法師	引導情緒的表達，及讓心情變好的方法	情-中-1-1-1、情-中-1-2-1、情-中-2-1-1、情-中-2-2-1、情-中-4-1-1
不怕！不怕！	情緒的理解及處理方式，學習面對事情的處理方法，及戲劇小短劇表演	情-中-1-1-1、情-中-1-1-2、情-中-2-1-1、情-中-2-2-1、情-中-3-1-1、情-中-4-1-1

活動名稱：心情猜一猜

學習目標： 能正確辨識害怕情緒表情
能說出故事中主角的心情

活動流程：

一、引起動機

引導幼兒分享與父母逛街的經驗，有去過哪裡買東西？買了什麼？最喜歡去哪裡逛街？為什麼？

二、繪本導讀

1. 展示繪本《爸爸走丟了》繪本及作者介紹。
2. 帶領幼兒一同閱讀繪本內容。

三、問題與討論

1. 與幼兒探討其故事內容，為什麼故事主角會和爸爸走散呢？
2. 如果你是故事中的主角，和父母走散了，心情是如何？是高興還是害怕？你喜歡這種感覺嗎？

四、活動

1. 拿出臉譜卡或拍攝各種情緒表情的照片，請幼兒選出故事中主角的心情，應該是呈現哪種表情呢？
2. 為什麼認為是這個表情呢？與我們相處的人很快就能透過我們的臉部表情知道我們的心情。（高興——嘴巴微笑；

難過——眼睛流淚；很累——嘴巴打呵欠）。運用情緒表情的照片，引導幼兒辨識各種不同的情緒。

3. 請幼兒兩兩一組，互相做出故事中主角的表情。
4. 利用可排出各種表情的大臉譜教具，五官用不織布做，以魔鬼氈能貼上，讓孩子自由黏貼，並可設定題目，由孩子們分組找出題目可表現出來的情緒，再試著排出正確情緒的臉譜。例如：摔了一跤——很痛的臉；弟弟弄壞我心愛的玩具——很生氣的臉；可以吃冰淇淋時——很開心的臉。

教學資源：《爸爸走丟了》繪本、鏡子、情緒表情圖卡、表情大臉譜教具

評量方式：能正確辨識指定的情緒表情、能排出指定的情緒表情

《新課綱》學習指標：情-中-1-1-1、情-中-1-2-1、情-中-1-2-2、情-中-2-1-1、情-中-2-2-1

教學時間：40 分

活動名稱：心情魔法師

學習目標：能表達著急害怕之情緒
能說出解決著急害怕情緒的方法

活動流程：

一、引起動機

回顧《爸爸走丟了》一書，故事主角一開始的心情是如何？發現和爸爸走散時的心情是如何？

二、問題與討論

1. 利用各種情緒圖卡來回顧之前所介紹過的情緒種類。
2. 請幼兒說說看，遇到什麼事情會讓你產生哪些情緒？（例如：比賽輸了——難過；跟家人一起出去玩——高興；別人搶了自己的玩具時——生氣……）

三、活動

1. 利用事先製作的物品圖卡（例如：禮物、凶惡的狗、漢堡薯條、棍子……）引導幼兒試著說出看到圖卡時的心情是什麼？是開心？害怕？還是其他的心情？
2. 請幼兒試著依看到的圖片來表達一個句子
例如：我收到禮物好「開心」。
狗狗追我，我好「害怕」。
東西不見了，我好「難過」。

3. 每個人每天的心情有好有壞，因為會遇到不同的事情，像《爸爸走丟了》書中的主角，在尋找爸爸的過程，一定很著急而心情不好。若你心情不好時，你有什麼方法讓心情好轉呢？
4. 請孩子們說說看有什麼方法能讓心情變好，除了幼兒提到的方法，老師可引導孩子其他不同的方法。例如：找好朋友說話，講完就會好多了；大哭一場；去戶外跑跑步；睡個覺；打枕頭等。

教學資源：《爸爸走丟了》繪本、鏡子、各種情緒的圖卡、物品圖卡

評量方式：能說出讓心情變好的辦法、能看圖卡做出情緒的表達

《新課綱》學習指標：情-中-1-1-1、情-中-1-2-1、情-中-2-1-1、情-中-2-2-1、情-中-4-1-1

教學時間：40 分

活動名稱：不怕！不怕！

學習目標：能學習面對所害怕事情的應對能力及解決方法

活動流程：

一、引起動機

回顧繪本《爸爸走丟了》的內容，和幼兒探討為什麼主角會和爸爸走散呢？他和爸爸走散時的感覺是如何？

二、活動

1. 故事中的主角是靠什麼方法尋找自己的爸爸呢？（外型、穿著辨識）
2. 請幼兒想一想，有什麼方法可以避免走丟的情形發生，而可以保護自己？例如：跟好父母、不亂跑、記好父母的名字及電話、確認父母當天的穿著、不跟陌生人走……
3. 請幼兒想一想，若外出時真的和爸媽走散了，要怎麼做才好？例如：留在原地等候、尋求大人或售貨店員的協助……
4. 討論活動結束後，讓孩子進行故事創作；請孩子們利用故事接龍方式來自編故事。讓每位孩子有參與故事創作的機會，之後，老師再將幼兒編的故事全部統整起來，請幼兒依故事角色進行扮演活動。
5. 戲劇時間：請幼兒和老師一起演出小短劇，分配幾位幼兒一組，有的演父母，有的演孩子，有的演賣場店員。讓孩子試著以演戲的方式從中學習到走失時的應變方法。

三、問題與討論

1. 和幼兒討論是否曾經有過和父母走散的情形發生？
2. 若萬一走失了，或因為跟著陌生人走，找不到自己的父母，會發生什麼事？

教學資源：《爸爸走丟了》繪本、角色裝扮物品

評量方式：能學習面對所害怕事情的應對能力及解決方法

《新課綱》學習指標：情-中-1-1-1、情-中-1-1-2、情-中-2-1-1、情-中-2-2-1、情-中-3-1-1、情-中-4-1-1

教學時間：40 分

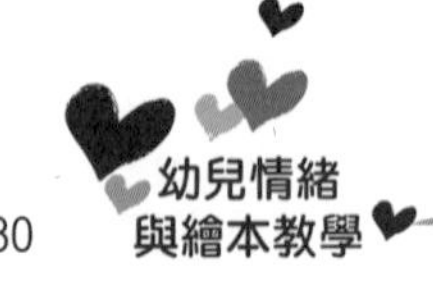

主題：認識情緒類別

教學活動設計：林智慧

指導修正：傅清雪、劉淑娟、謝來鳳

書名：小雞逛超市

文字作者：工藤紀子

圖畫作者：工藤紀子

翻譯：周佩穎

出版社：小魯文化事業股份有限公司

內容提要

雞媽媽帶著小雞們一起逛超市，他們買了許多食物。雞媽媽要買牛奶、麵包、青菜、罐頭；小雞們要買餅乾、甜甜圈、巧克力、布丁。小雞們把媽媽不准買的零食偷偷放入推車裡，結帳時才被媽媽發現。雞媽媽有條件的允許小雞們買零食，而小雞們也知道了，上超市不能只買自己要吃的東西，其他家人的食物也必須考慮喔！

設計理念

「逛街」是親子間常有的活動，無論是逛百貨公司、超市、量販店或逛夜市等，不過有時會因彼此想買的東西不同，而產生不愉快，例如，孩子吵著要玩具、想吃零食。父母可以想想如何引導孩子從用途、價錢、想買的動機等方向去想，或者為什麼對方會想買這些東西？以及當孩子執意要買某種東西時，怎樣的處理方式比較好？才不致因親子間意見不同，而將快樂的逛街變成令人心煩的經驗。

課程架構

活動名稱	情緒活動內容	情緒指標
GO ～逛街去	講述及討論情緒事件	情-中-1-1-1、情-中-1-1-2、情-中-1-2-2、情-中-2-1-1、情-中-3-2-2
祕密基地	傷心情緒的調節 祕密基地情緒的抒發	情-中-2-1-1、情-中-2-2-1、情-中-3-1-2、情-中-4-1-1
心情會轉彎	從負向情緒到正向情緒的臉譜遊戲	情-中-2-1-1、情-中-2-2-1、情-中-3-1-2、情-中-4-1-1、情-中-4-1-2

活動名稱：GO ～逛街去

學習目標：能說出失望、高興情緒的感覺

活動流程：

1. 展示繪本，介紹繪本、作者。
2. 講述繪本。
3. 討論故事及發表。

一、引起動機

1. 老師展示繪本《小雞逛超市》。
2. 詢問幼兒的經驗。

二、繪本導讀

1. 到超市買東西時，會和誰一起去？大人要買什麼？你想買什麼？
2. 在《小雞逛超市》裡，小雞想買些什麼食物？

三、發表與討論

1. 認知
   (1) 小雞們和雞媽媽想買的東西有什麼不同？
   (2) 為什麼雞媽媽買的東西小雞們不喜歡？
2. 省察
   (1) 小雞一開始有什麼感覺？為什麼？
   (2) 小雞們回家時是什麼心情？會有什麼樣情緒的感覺？

(3) 最後，雞媽媽煮了什麼？小雞覺得怎麼樣？為什麼？

(4) 還有哪些事情會讓自己傷心難過呢？

3. 比較

(1) 傷心難過時你會怎麼樣？

(2) 你會想做什麼事情，讓自己心情變好一點？

4. 自我應用

(1) 這個故事告訴我們，在日常生活中有哪些生活用品，什麼是必需品，什麼是不需要的。

(2) 老師發給幼兒一張「我的心情紀錄表」，讓幼兒記錄自己每天的心情。

教學資源：《小雞逛超市》繪本

評量方式：能說出繪本故事主角的情緒

《新課綱》學習指標：情-中-1-1-1、情-中-1-1-2、情-中-1-2-2、情-中-2-1-1、情-中-3-2-2

教學時間：40 分

活動名稱：祕密基地

學習目標：能說出解決傷心情緒的方法

活動流程：

1. 製作祕密基地。
2. 與幼兒討論祕密基地功能。
3. 讓幼兒在祕密基地裡分享情緒。

一、引起動機

1. 老師準備箱子製作祕密基地（或以班上桌椅搭建）。
2. 告訴幼兒祕密基地是一個隱密的地方，當你心情難過、生氣、高興時，能夠在那裡與好朋友分擔或分享。
3. 老師引導幼兒為自己的情緒找到適當的出口，避免影響身心健康。

二、活動

1. 老師與幼兒共同搭建「祕密基地」，並一起為它取個名稱，例如：小房子、壞壞垃圾桶等。
2. 與幼兒討論祕密基地的使用規則，例如：不可將它當成躲貓貓的地方。
3. 幼兒依自己的心情去選擇祕密基地臉譜，例如：難過時去找難過表情的臉譜，以此類推。選完自己的臉譜後，進入祕密基地，在祕密基地裡將感覺不舒服的事情說出來；之後，幼兒將事先帶入的臉譜拿出來，再去選擇、交換新臉譜，看看是否心情有轉變。

三、分享與回饋

1. 請幼兒說說看曾在祕密基地與哪位小朋友分享自己的情緒？
2. 進入祕密基地後，心情的改變如何？
3. 到祕密基地抒發情緒的感覺如何？

四、延伸活動

請幼兒分成小組，製作各組的情緒小屋；若班級人數較少，可由幼兒發想設計班上的情緒小屋，教師從旁協助製作。

教學資源：箱子（或可用以搭建的物品）

評量方式：傷心情緒的表達、傷心情緒的調節

《新課綱》學習指標：情-中-2-1-1、情-中-2-2-1、情-中-3-1-2、情-中-4-1-1

教學時間：40 分

活動名稱：心情會轉彎

活動目標：能說出自己傷心難過情緒的想法
能夠把傷心難過的情緒轉換成快樂的情緒

活動流程：

1. 老師製作心情臉譜（高興、生氣、難過、害怕），請幼兒辨識。
2. 全班（包括老師）分享自己今日的心情臉譜。

一、引起動機

回憶祕密基地的心情分享。

二、心情轉彎

1. 老師在白板的左右兩側分別放置一張開心臉譜及一張傷心難過臉譜。
2. 老師先以負向情緒事件詢問幼兒的心情感受，再請幼兒到白板取下心情臉譜。教師須評斷幼兒取下的臉譜是否正確（例如：傷心情緒須為傷心臉譜）。之後，教師在白板上取下一個開心臉譜，問幼兒如何將負向的情緒轉成正向情緒。

   例如：

   (1) 事件：弟弟弄壞我的玩具（傷心或生氣臉譜）
   轉換心情：他不是故意的，他只是年紀小不懂事（開心臉譜）。

(2) 事件：小其比我漂亮（傷心或生氣臉譜）。
轉換心情：沒有關係，只要我心地善良就好了（開心臉譜）。

3. 老師先依繪本設計問題，進行心情轉換練習，而後再延伸至生活經驗。

三、討論與分享

1. 請幼兒分享自己經驗中的負向情緒事件。
2. 請全班幼兒討論如何轉換情緒。
3. 詢問該幼兒心情的轉換情況。

教學資源：心情臉譜

評量方式：轉換負向情緒的想法

《新課綱》學習指標：情-中-2-1-1、情-中-2-2-1、情-中-3-1-2、情-中-4-1-1、情-中-4-1-2

教學時間：30 分

小班幼兒情緒與繪本教學實例

主題：害怕、高興情緒認知
教學活動設計：魏妙娟
指導修正：傅清雪、劉淑娟、謝來鳳

書名：第一次上街買東西
文字作者：筒井賴子
圖畫作者：林 明子
翻譯：漢聲雜誌
出版社：英文漢聲出版股份有限公司

內容提要

小惠的媽媽發現家裡沒有牛奶了，沒辦法餵弟弟，可是媽媽因為家事正忙得不可開交，於是，媽媽賦予小惠到巷口的雜貨店買牛奶的任務，並且提醒她要注意車子和找錢回來。小惠在路上為了閃躲腳踏車不小心跌倒受傷，但她沒有哭。到了雜貨店，一開始因為小惠聲音小、個頭小，老闆娘沒看見她，後來小惠鼓足勇氣，大聲說出「我要買牛奶」，5 歲的小惠，終於完成媽媽交代的使命。

設計理念

在現實生活中，相信各位爸爸、媽媽就算是真的忙得不可開交，也不可能讓自己 5 歲的小寶貝一個人到街上買東西。讓孩子學習到「第一次」經驗的過程中，相信孩子們是既緊張又害怕。我們要如何幫助孩子察覺與辨識並表達出自己害怕的情緒，及如何理解與調節情緒的方法，都是要讓孩子們學習的課程。

課程架構

活動名稱	情緒活動內容	情緒指標
我的第一次	講述及討論情緒事件，害怕與高興情緒的察覺表達	情-小-1-1-1、情-小-2-1-1、情-小-3-1-1、情-小-4-1-1、情-小-4-1-2
我怕，我不怕	音樂、肢體律動，害怕與高興情緒的察覺表達	情-小-1-1-1、情-小-2-1-1、情-小-3-1-1
我是海盜王	海盜王遊戲，害怕情緒的調節	情-小-1-1-1、情-小-2-1-1、情-小-3-1-1、情-小-4-1-1、情-小-4-1-2

活動名稱：我的第一次

學習目標：能安靜聆聽故事
能說出害怕、高興情緒的感覺

活動流程：

一、引起動機

1. 教師展示繪本《第一次上街買東西》，請幼兒觀察並說說看封面中的小女生為什麼會抱著一瓶牛奶呢？

二、繪本導讀

1. 平常我們要買東西時，爸爸媽媽都會陪在我們的身邊，繪本裡的小惠她要自己出門買牛奶了，在買牛奶的路上小惠會發生哪些事情呢？
2. 帶領幼兒一同閱讀繪本內容。

三、問題與討論

1. 認知
   (1) 小惠為什麼會自己一個人上街買牛奶呢？
   (2) 在路上，小惠發生了什麼事情？
   (3) 小惠是如何買到牛奶的呢？
2. 省察
   (1) 小惠知道自己要一個人上街去買東西時，是什麼感覺？

(2) 小惠上街後，遇到什麼事情讓她感覺到害怕？

(3) 小惠害怕的時候，身體有什麼樣的感覺？

3. 比較

(1) 在生活中，哪些事情讓你感覺到害怕呢？

(2) 當你害怕的時候，你會做哪些事情讓自己不害怕呢？

4. 自我應用

這個故事告訴我們，在生活中，第一次的經驗雖然會緊張害怕，但可以自己獨立完成一件事情，是很勇敢的喔！

教學資源：《第一次上街買東西》繪本

評量方式：幼兒安靜聽故事、了解害怕情緒

《新課綱》學習指標：情-小-1-1-1、情-小-2-1-1、情-小-3-1-1、情-小-4-1-1、情-小-4-1-2

教學時間：30 分

活動名稱：我怕，我不怕

學習目標：能利用肢體表現出害怕及高興的情緒

活動流程：

一、引起動機

1. 準備心情臉譜大掛圖。
2. 請幼兒說說自己看到的心情臉譜，給你什麼樣的感覺？
3. 哪一個是開心、哪一個是害怕的表情？

二、問題與討論

1. 老師先與孩子討論什麼事會讓你感到害怕？你在感覺到害怕時，你的身體會有什麼動作？
2. 什麼事情會讓你感到高興？你在感覺到高興時，你的身體會有什麼動作？

教學資源：《第一次上街買東西》繪本、心情臉譜大掛圖

評量方式：害怕、高興情緒的表達

《新課綱》學習指標：情-小-1-1-1、情-小-2-1-1、情-小-3-1-1

教學時間：30 分

活動名稱：我是海盜王

學習目標：能說出害怕情緒

活動流程：

一、引起動機

老師簡單介紹「海盜王」遊戲玩具的遊戲方式。

二、問題與討論

1. 請孩子依序將短劍插入海盜桶內，看誰插入的短劍會觸碰到機關，海盜桶上的海盜跳出來就輸了。讓孩子體驗在遊戲過程中緊張害怕的情緒。
2. 老師拋話問孩子，當有人的短劍觸碰到機關時，海盜人跳起來了，你的感覺是什麼？
3. 問剛才有觸碰到機關，讓海盜人跳起來的孩子，當海盜人跳出來時，你的感覺是什麼？
4. 在剛才的遊戲過程中，當你要將短劍插入海盜桶時，你的感覺是什麼？為什麼？

教學資源：海盜王遊戲玩具

評量方式：害怕情緒的表達

《新課綱》學習指標：情-小-1-1-1、情-小-2-1-1、情-小-3-1-1、情-小-4-1-1、情-小-4-1-2

教學時間：30 分

主題：開心、害怕情緒認知

教學活動設計：李純儀

指導修正：傅清雪、劉淑娟、謝來鳳

書名：鯛魚媽媽逛百貨公司

文字作者：長野英子

圖畫作者：長野英子

翻譯：林文茜

出版社：小魯文化事業股份有限公司

內容提要

故事敘述瀨戶內泰子是一隻具有強烈好奇心、活力旺盛的鯛魚。有一天，她看到百貨公司的宣傳單，於是開始裝扮自己，準備去逛百貨公司。

鯛魚媽媽興致勃勃，想做的事一籮筐。在百貨公司內，她試擦了化妝品、試穿了高跟鞋，還想試打領帶……她搭著電梯上上下下，開心地四處逛來逛去。

最後，突然一句～～「歡迎光臨！太太，這個好吃啊！」「啊！……」鯛魚媽媽嚇得落荒而逃。一連串逛百貨公司的情形，用活潑生動的插畫和簡短的文字呈現出來。

設計理念

打從娘胎哇哇落地，我們就有了情緒的存在，「喜、怒、哀、樂」是人類對情緒的表達，也是人與人相處間最為直接的互動，不只是大人有情緒，小孩也有他們的情緒，每個人表達的方式不同。在此教學中所要與大家分享探討的情緒是從開心到害怕，為什麼害怕呢？有多「怕」呢？害怕是什麼樣子？害怕能解決問題嗎？所以，如何好好處理害怕的情緒，這是本活動設計所要引導的課題。

在《鯛魚媽媽逛百貨公司》故事裡，鯛魚媽媽的好奇心使得她處處都有開心的事發生，突然間發生了一件令她害怕的事情，透過此事件教導孩子從中察覺與辨認，並做出情緒的表達，更進一步引導孩子對害怕情緒的理解與調節的方法：離開讓自己害怕的地點靜一靜、做自己喜歡的事、想想快樂的事，甚至是哭一哭、抱一抱……每一個都是可以暫時讓你得到安心、不再害怕的妙方。對孩子來說，用合宜的方式表達「我很害怕」，以及用能被接受的方法宣洩情緒，防止自己悶在心裡，產生日後的陰影或不健康的心理壓力，都是需要學習的。

課程架構

活動名稱	情緒活動內容	情緒指標
「啊！……」	講述及討論情緒事件	情-小-1-1-1、情-小-1-1-2、情-小-2-1-1、情-小-3-1-1、情-小-4-1-1
跟「害怕」說 Bye Bye	跟害怕說 Bye Bye，害怕情緒的抒發	情-小-1-1-1、情-小-1-1-2、情-小-2-1-1、情-小-3-1-1、情-小-4-1-1
心情傳聲筒	你說我聽遊戲，情緒表達與理解	情-小-1-1-1、情-小-1-2-1、情-小-3-1-1、情-小-3-2-1

活動名稱：「啊！……」

學習目標：能安靜聆聽故事
能說出開心、害怕情緒的感覺

活動流程：

一、引起動機

1. 老師展示繪本《鯛魚媽媽逛百貨公司》讓幼兒看圖說話，並帶領幼兒觀察封面的圖畫，問問幼兒看見了什麼？
2. 詢問幼兒逛百貨公司的經驗。

二、繪本導讀

1. 到百貨公司買東西時，會和誰去？你看見了哪些東西？你想在那裡會想做什麼事？
2. 在《鯛魚媽媽逛百貨公司》裡，鯛魚媽媽想做什麼事？

三、討論故事及發表

1. 認知
   (1) 鯛魚媽媽看見百貨公司裡有賣很多東西，她的反應是什麼呢？（什麼都想試試看，且她的心情是開心的）
   ◎為什麼會開心？（因為穿漂亮的鞋子很開心、因為化妝變漂亮很開心、看見漂亮的衣服很開心……）
   (2) 為什麼鯛魚媽媽要趕快逃跑？（她看見賣魚的人拿著魚對她說：太太，這個好吃啊！）

◎為什麼會害怕？（因為鯛魚媽媽是隻魚，怕自己被吃掉。）

(3) 鯛魚媽媽回家後，她的反應是什麼呢？（開心）。

◎為什麼鯛魚媽媽會開心？（因為離開讓自己害怕的地方，回到家就不害怕了。）

2. 省察

(1) 鯛魚媽媽一開始逛百貨公司時是什麼心情？（開心）

(2) 鯛魚媽媽看見賣魚的人是什麼心情？（害怕）為什麼？身體又會有什麼動作呢？（跳、跑……）

(3) 還有哪些事情會讓自己害怕呢？

3. 比較

(1) 你害怕時會有什麼樣的表情呢？

(2) 你會做什麼事情讓自己不再害怕？

4. 自我應用

這個故事告訴我們，在日常生活中會遇到很多事情，當你遇到讓自己害怕的事情時，可以離開害怕的地方，去找喜歡的人或去做自己喜歡的事情。

教學資源：《鯛魚媽媽逛百貨公司》繪本

評量方式：能說出開心、害怕情緒的感覺

《新課綱》學習指標：情-小-1-1-1、情-小-1-1-2、情-小-2-1-1、情-小-3-1-1、情-小-4-1-1

教學時間：30 分

活動名稱：跟「害怕」說 Bye Bye

學習目標：能說出害怕情緒
能說出解決害怕情緒的方法

活動流程：

一、引起動機

1. 老師準備心情臉譜大掛圖。
2. 請幼兒分別說出看到的臉部表情圖是什麼心情？
3. 哪一個是害怕時的表情？

二、跟「害怕」說 Bye Bye

1. 請幼兒選擇自己感覺害怕的顏色，在白紙上隨意塗鴉。
2. 請幼兒完成後將紙張揉成一團，然後將紙團拋出去，引導幼兒說：「害怕 Bye Bye」。
3. 配合魔法魔咒再來進行一次拋紙團遊戲。老師先示範自己的魔咒，大聲地唸給大家聽：
「嘛咪！嘛咪吽！魔鬼不可怕。」
「嘰哩咕嚕！嘰哩咕嚕！嘛咪！嘛咪吽！」
「哇哈哈！魔鬼我不怕。」
接著說「害怕 Bye Bye」並拋出手上的紙團。
4. 打擊魔鬼：老師利用廢紙箱製成魔鬼臉譜板子，並一一用曬衣夾夾在曬衣架上，再帶領幼兒進行唸魔法魔咒，並將手上紙團丟往魔鬼板子上，完成打擊魔鬼遊戲。

三、分享與回饋

請幼兒分享遊戲後的心得。

教學資源：《鯛魚媽媽逛百貨公司》心情臉譜大掛圖、紙張、蠟筆、廢紙箱、曬衣夾、曬衣架

評量方式：害怕情緒的表達、害怕情緒的調節

《新課綱》學習指標：情-小-1-1-1、情-小-1-1-2、情-小-2-1-1、情-小-3-1-1、情-小-4-1-1

教學時間：30 分

活動名稱：心情傳聲筒

學習目標：能說出害怕情緒

活動流程：

一、引起動機

老師請幼兒複習「跟『害怕』說 Bye Bye」的過程。

二、心情傳聲筒活動

1. 教師先以紙、線做成傳聲筒，將之分置於教室內外。
2. 請幼兒回憶自己的害怕情緒事件，並從傳聲筒的其中一端，說給其他幼兒聽，依此類推。
3. 接收訊息的幼兒將聽到的事件在團體討論中分享。

三、延伸活動

由幼兒繪製自己心中理想的傳聲筒，並與他人分享。

教學資源：傳聲筒、彩色筆、紙、線

評量方式：害怕情緒的表達

《新課綱》學習指標：情-小-1-1-1、情-小-1-2-1、情-小-3-1-1、情-小-3-2-1

教學時間：30-40 分

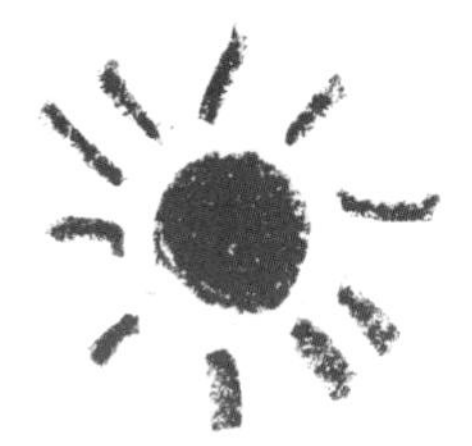

第5章

情緒繪本教學反思及建議

教育部《新課綱》將「情緒」列入幼兒的學習領域，而教學現場的幼兒教師如何將情緒納入課程中？如何進行課程活動設計呢？過去的幼稚園課程標準包括：健康、語文、常識、音樂、工作、遊戲等六大課程目標，未曾對「情緒」有所著墨。在過去的教學經驗中，幼兒教師幾乎不會對「情緒」進行特別的活動設計，再加上情緒是複雜的概念，「情緒」如何教？幼兒能懂嗎？是筆者（傅清雪）宣講《新課綱》時，每每被問及的問題。

事實上，幼兒自 2 歲起，就能辨認情緒，包括情緒的內在認知與情緒的表達技能，甚至是道德的理解或情緒的調節能力（Garner, 2010; Izard, 2009）。情緒對幼兒是重要的，且他們已有能力可以學習，但是，學齡前幼兒剛開始發展語言以應對自己的想法、情感與行為，社會與情緒能力是不足的（Egger &

Angold, 2006），因此，設計適宜幼兒的課程活動，遂成幼兒教師的重要課題。Goleman（1995）曾說，兒童的情緒與情感反應，影響他們的生理與心理感受，兒童會集中注意力，激勵自我的身體，並組織思維方式，以適應自己的需求。換言之，當幼兒教師針對情緒課題進行教學時，幼兒會以自己的思維模式及自我的注意力方式，來適應自己的需求。在上一章的實例教學中，讀者們或能領略一二，只要教師們多留神，相關的活動設計即能因應而出。

為了進一步了解運用繪本進行情緒課程設計的可行性，筆者與一所幼兒園的園長及幼兒教師合作，以情緒繪本為導引，分別針對大班、中班、小班設計情緒主題之教學活動。經過多次討論、修改，缺失難免，但對參與此項活動之教師而言，實有很大幫助。尤其，教師們在實施情緒教學活動前，先對幼兒進行基本情緒認知測驗，教學後再進行後測。結果顯示：實施情緒活動教學大多可提升幼兒的基本情緒認知，教師們的努力得到正向的回應。本章主要呈現情緒繪本教學活動實例（第四章）教師的自我省思，及未來設計此類型教學應注意之事項，與讀者們共同分享。

教師的省思

一、大班實例一：情緒繪本《不要惡作劇》

教學活動設計：曹天鳳

在進行繪本《不要惡作劇》的教學時，小朋友在課堂上的反應很踴躍，大家會紛紛分享別人惡作劇的經驗，當然都不是說自己囉！我先讓小朋友做分享討論，之後再進行繪本的介紹，從《不要惡作劇》這本書的書名讓小朋友先了解什麼是「惡作劇」，並透過這本書讓孩子們知道對別人惡作劇是很不好的行為，別人會不舒服。

喜怒哀樂是孩子最天真的表情，我利用了鏡子讓孩子好好觀察自己臉部豐富的表情。孩子在觀察自己的臉時，會做出擠眉弄眼的表情，超開心的。我覺得需要花一些時間讓小朋友觀察別人的表情，所以沒有先讓他們分享自己的表情，而是請他們觀察其他小朋友的表情。

為了讓孩子能更深切的體驗恐懼的情緒，特別設計了蒙眼的遊戲，透過蒙眼睛的遊戲讓小朋友感受害怕恐懼的心情。在遊戲進行中，以輪流的方式進行活動，我觀察到有好多的小朋友蒙上眼睛後一點都不怕，反而覺得很好玩；但也有少數的小朋友會感到害怕，他們會將為什麼害怕的心情做分享。活動中有一位小女生問：「老師為什麼你都沒有玩呢？」我聽到了很傻眼，就問大家說：「你們希望老師也玩蒙眼睛的遊戲嗎？」大家異口同聲的說：「好呀！」為了讓小朋友解除心中的疑問（老師為什麼沒玩），所以我就答應了參與此活動，很多小朋友都想要當攙扶我的人。在進行蒙眼睛的過程中，我感到非常的害怕恐懼，怕小朋友會讓我跌倒或撞樹，小朋友看到老師害怕的表情都感到很好笑，想不到原本是我要測試他們的心情，反而被他們測試了，不知老師的參與是好還是不好呢？由此可見，大人較不易產生安全感和信任感，而天真的孩子是很容易相信別人的喔！

這次的情緒教學，小朋友的反應和參與意願都很高，經過了繪本的介紹和遊戲的設計，小朋友能分辨出不同的心情情緒。他們的觀察能力很好，與老師應對方面也不錯，所以在幫小朋友做後測的錄音時，小朋友也進步了很多，對一些觀念和情緒也有正確的認知，整體來說，這次的情緒教學對小朋友來說幫助很大。我覺得有一點點不足的是在設計的活動過程中，沒有讓小朋友實際發洩情緒的管道，在這方面需要改善檢討。

二、大班實例二：情緒繪本《我變成一隻噴火龍了》

教學活動設計：王秀文

教學活動一開始先透過繪本的分享，引發幼兒對情緒認知的興趣。在繪本內容中，小朋友都能夠感受到噴火龍生氣時的可怕模樣，以及周遭的動物們因為噴火龍的負面情緒而有什麼樣的反應。最重要的是，噴火龍也因為生氣的情緒而影響到自己正常的生活作息。

在團討的過程中，先請小朋友說說看，自己曾經因為什麼事情或狀況而出現生氣的情緒呢？小朋友的答案大多與家中兄弟姐妹的互動有所關連。例如：妹妹拉我的頭髮、哥哥嘲笑我、弟弟拿我的書等等，而有幾位小朋友的答案比較特別，如：有一堆狗在追我、被球打到、從滑板車上摔下來、沒有人陪我玩……

在幼兒察覺生氣的情緒及原因之後，接下來要引導小朋友如何正確地表達自己的情緒。透過觀察鏡子中的自己呈現出不同的表情特徵，時而生氣，時而開心，大家都不禁笑了起來呢！

配合心情扇的製作，小朋友分別畫出自己生氣和開心的模樣，這時也請小朋友想想看：當自己很生氣的時候，會利用哪些方式來抒發負面的情緒，讓自己生氣的臉轉變成開心的臉呢？小朋友想到的辦法有：想有趣的事、運動、告訴別人、玩（電動、電腦、玩具）、寫字、睡覺、吃東西、聽音樂等。有許多方式是頗出乎老師意料之外的答案，這證明了小朋友的確都很有自己的想法喔！

在消氣妙招的心靈饗宴中，原本挑選的是古典音樂，不過在實際聆聽音樂的時候，卻觀察到小朋友對古典音樂的感受力不盡相同，有的小朋友會覺得節奏很輕快，聽起來很開心，但是有些小朋友卻感覺到很緊張、很可怕。因此，第二次重新挑選了一首較柔和的輕音樂，這次幼兒的反應就比較一致性，大家都覺得聽起來很舒服、心情會很平靜！

除了聆聽音樂，另外也引導小朋友嘗試不同的消氣方式，如：數數字、深呼吸、找顏色，讓幼兒感覺最有趣、反應最好的方法是「找顏色」，因為很像是在玩團體遊戲，也容易讓幼兒忘記自己的負面情緒。

這次的情緒課程中，雖然讓幼兒了解到負面情緒所造成的影響，以及學習到如何對應的方式，但是對於某些情緒反應較大的幼兒們，要改變也非一朝一夕，所以建議老師們在設計課程時，可以延長課程的時間，或者納入生活教育的一部分，隨時提醒幼兒注意自己的情緒，別讓心中的「噴火龍」跑出來囉！另外，也可以透過親師溝通，讓爸爸媽媽了解這些課程的內容，或是設計成相關的記錄表，請家長協助記錄幼兒因為何種原因生氣？之後又透過哪一種方式有了圓滿的處理？教師再利用課堂時間，分享小朋友在家的表現，相信在家庭與學校雙方互相配合之下，對幼兒的情緒處理，一定會有更顯著的幫助。

三、中班實例一：情緒繪本《爸爸走丟了》

教學活動設計：方咨又

常見的情緒有很多種，但對幼兒這年紀來說，對於高興、生氣、難過、害怕這四種情緒較易辨識。為了讓孩子認識及辨識更多的情緒，故當傅老師請我們找適合的繪本來編寫情緒教案時（加上配合本園教學主題「逛街」），我選擇了《爸爸走丟了》這本書。

《爸爸走丟了》這本書中，作者是採較詼諧、有趣的故事內容來敘述逛街時和父親走散的情形，以及主角小寶利用父親當天的穿著，在走丟時找尋父親的過程。我在講述故事時有利用著急的語氣來營造感覺，以反應主角找尋父親的過程中所產生著急的情緒，讓孩子對著急情緒有更進一步的認識、了解及感受。

在進行教案設計課程前，傅老師有給我及其他老師們情緒的測驗試題，給孩子一對一的口語測試，藉由測試過程可知道孩子對於遇到事情時所產生的情緒感受是否了解。孩子們剛開始接受測試時，因要配合錄音覺得很新奇，加上口試的題目為第一次讓孩子們做情緒方面的思考，每位小朋友都很專心聆聽老師說完題目，然後說出自己的答案。有的題目對他們來說較難一些，比如：什麼方法能讓悲傷的心情變好，答案應是想別的事就會改善。但孩子大都表示出去外面玩就能心情變好，畢竟孩子很單純，對他們來說出去玩或玩玩具是件讓人開心的事。有的題目會讓孩子知道，其實遇到事情時，除了有單一情緒外，也可能會有兩種情緒同時產生。情緒前測完畢後，開始進行「爸爸走丟了」的一系列活動教學。孩子對於聽故事參與度高且專心，加上故事內容和生活息息相關，孩子更能感同身受——從故事主角一開始高興地和爸爸逛街，到著急尋找，到最後高興地找到爸爸的心境轉變。並探討若真的找不到或萬一被壞人帶走了會有什麼情緒產生（恐懼、害怕）？課程中設計相關活動希望孩子能藉由遊戲學習辨識不同的情緒、表達自己的情緒，及外出時若真的走丟時的應變方法。也有延伸到自己害怕的東西的話題討論，請他們畫下來並和大家分享，有的孩子畫巫婆、蛇、吸血鬼……大家邊畫邊討論，孩子們反而畫得很開心哩！畫完之後請大家動動腦，有什麼方法可以讓自己不再對這些感到害怕呢？這個問題引起小朋友興趣，有的較勇敢的孩子表示可以踢它、踩它、把它打扁；有的則表示看到害怕的東西，還是會跑走哩！其實想鼓勵孩子們要正視自己害怕的東西並勇敢面對，不過我當時的回應不是很完善，沒有提供更多的建議及方法，而是在之後課程上才再重新提出及與孩子討論，較沒有當時的時機好，是我感到較懊惱可惜的地方，也提醒了我日後在備課的準備部分要先思考之處，以免重蹈覆轍。而在全部教學活動結束後，馬上進行了孩子們情緒口試的後測部分。在口試的前、後測，大部分孩子們的情緒辨識有明顯地進步。少部分孩子還是有混淆的情形出來。

這次有幸獲傅老師之邀，協助參與此本情緒教學之教案設計及幼兒情緒測試。一開始得知要做情緒教學設計，心中難免惶恐不安，經過和傅老師的討論及其建議，也從中學習到很多，在此感謝傅老師給我這個難得的機會參與其中。

四、中班實例二：情緒繪本《小雞逛超市》

教學活動設計：林智慧

從沒有想過自己能夠出書與大家分享教學上的經驗，聽到此訊息是又驚喜又害怕，擔心自己是否可以寫出讓老師們受用的書。在經過傅老師的輔導與協助，終於完成第一次以繪本為主，針對幼兒情緒來設計的教學課程。經過多次開會討論分享後，配合園內這次單元主題「逛街」來尋找相關的繪本，我決定以《小雞逛超市》來引起幼兒的學習動機。我利用繪本裡的情節來延伸出其他活動，希望可以讓幼兒得到抒發其情緒的效果，因此我與幼兒一起討論，詢問幼兒和父母去逛街時，如果沒有買到自己想要的東西，心情會是如何？心情不好難過時，你又會做什麼事情讓自己心情不再難過而變好一點呢？幼兒紛紛說出自己的想法，例如：睡覺、玩偶、下次再買等，有了他們的想法之後，給我一些靈感構思，那就來設計一個祕密基地吧！藉由這一個祕密基地，可以讓幼兒小小心靈中的喜、怒、哀、樂找到一個出口，且將心裡的小祕密與好朋友分享。

透過「祕密基地」教學活動，我發現小朋友有了不同的改變，例如：A 小朋友早上到校常會因睡不飽有起床氣，情緒就像天氣一樣陰晴不定，不是哭鬧，就拖拖拉拉，情緒的起伏很大。透過「我的心情紀錄表」和「祕密基地」的活動，給了他心情轉變的動力，只要心情不好時，他就會鑽進去祕密基地裡面，等一下出來時，表情就不一樣了。對他來說，這個祕密基地是情緒發洩隱藏的好地方，轉換了自己的心情，情緒也明顯改變不少。另一位 B 小朋友的「我的心情紀錄表」上，每天畫的臉部表情都不一樣，從圖畫上可以看到他每天的心情反應，我再適時與他交談，小朋友會把心中的喜、怒、哀、樂說出來。無形中，這兩個活動讓我與幼兒的距離更近，也帶動班上其他幼兒的參與度。在「祕密基地」活動結束後，小朋友還是會進去，因為他們認為那是個好地方，是可以讓心情變好的地方。小朋友情緒安穩且快樂來上學，老師會更有成就感，也是最大的喜樂。

五、小班實例一：情緒繪本《第一次上街買東西》

教學活動設計：魏妙娟

第一次做這麼專於情緒的教學，在剛開始時就讓我遇到瓶頸，那就是找「繪本」。因為要找到一本適合年齡層較小的孩子及又要符合學校主題「逛街」活動，真的很難找。為了這本繪本，我找遍了各大書局及搜尋網路書店，因為找了這麼多地方，都沒有我要的繪本，找得已有點失落了。終於在一家書店中，讓我找到了繪本《亂七八糟》。但是它沒有讓我高興太久，因為在與老師討論後，老師覺得此繪本對我們班的孩子來說太難不適合，原本找到書的喜悅，才過沒幾天後又失落了，我又要開始找書了……

第一次設計情緒教學活動教案，也讓我苦思很久，一直設計不出適合班上孩子的教學活動。因此詢問了許多同事，有沒有什麼比較好呈現出「害怕」，但又不會真的讓孩子嚇得哇哇叫的教學活動。最後，非常感謝園長及同事們的寶貴意見，集合了大家的建議，我慢慢有了頭緒。設計好活動教案後，接下來的工作就是找資源做教具了。

再來便開始進行教學活動。在活動的進行中，因為班上的孩子年齡層較小，舊經驗較少的情況下，在進行活動討論時，會有一種「鬼打牆」的現象，就是只要有一個說，之後，每位孩子說出來的經驗都一樣。

在活動結束後，我覺得要教孩子們有關情緒的課程，真的很不容易，因為「情緒」看不到也摸不著，而且每個人的感受力也都不同，所以在教學中只能盡可能的利用孩子知道的經驗去加以引導，去認識、表達及調節情緒。這不僅僅只在課堂上引導，更要延續到孩子的日常生活中喔！

六、小班實例二：情緒繪本《鯛魚媽媽逛百貨公司》

教學活動設計：李純儀

【自我反省篇】

打從一開始聽到要進行情緒教學輔導時，心裡有說不上來的想法，因為情緒是非常內心的表現，但要教這麼小的孩子表達出情緒，這我可是一頭霧水，心想……我自己的情緒有時都招架不住了，更何況是引導孩子的情緒，他們不就是哭哭哭，要不然就是笑笑笑罷了。之後，指導老師傅老師在第一次的會議交談後，提供了大家有關情緒繪本的書單，我們的合作就這樣搭起了一個溝通的橋樑而展開後續……

我開始過著找書、看書，再找書、再看書反覆的日子，天呀！天使與惡魔一整天的交戰，每每回到家早已癱軟於沙發上，對於尋找心目中又能配合單元主題：「逛街之情緒繪本」真是件難上加難的工作。於是我趁著週末美好的假期來到了舊書攤，一窩就忘了時間，終於讓我找尋到一本《生日快樂》，當時只想到生日會有禮物，就從「猜」和「拆」禮物的驚喜情緒反應談起，心裡偷偷地笑著，今日的努力沒有白費，一次搞定，開心地把書打包回家去。

在活動設計上，顯然一切不是我想像中那麼的順利，「唉呀！歹誌無是憨人所想的安那……」因為活動設計思考到最後，我對《生日快樂》此書的內容所表達的情緒越來越模糊了，說真的，我是硬著頭皮寫完了教案設計，確實我對此書的情緒真的很不明確，與傅老師討論後，結果是建議更換書本為佳，並叮嚀著我在挑選書籍時，在情緒上自己要十分明確才行！就這樣，「建議更換書本為佳」，短短的一句話將我打回原點，只好再接再厲！

這回我窩在家中的電腦前，不斷地蒐尋關鍵字「情緒‧繪本」，哇！劈哩啪啦一串，看得我頭昏眼花，不是資源多到我眼花唷！而是遲遲找不到適合的繪本，一點感覺都沒有，想必完蛋了我，沒有方向、沒有目標，叫天天不靈，叫地地不應，這下該怎麼辦呢？朦朧的眼前看見一本書名叫《氣球飛上天》，趕緊飛奔到某大書局查看此書，嗯！不錯！不錯！故事內容真有趣，相信孩子會很喜歡氣球，只是……這和單元主題逛街似乎一點兒關係都沒有，但想想年齡層小已經夠侷限了，現在又要因為如此放棄嗎？當下仍下定決心買下它準備和傅老師商量商量，萬萬沒想到再次簡短的一句「公信力」打敗了我，因為我們的教學紀錄是要出書的，故在資源上希望能慎選有知名度的出版社參考為佳，對讀者而言較有公信力。第二次的找書挫折感讓我心情盪到谷底，一度想放棄這次的參與。心情沉澱了一個週末，我想……改變找書的方式，從出版社找起，再從作者風格下手找尋書名。果然皇天不負苦心人，讓我找到了一本十分適合小班且又配合逛街主題的一本繪本：《鯛魚媽媽逛百貨公司》，哈！當下灑花轉圈圈喝采一番，這就是我苦尋繪本的歷程，因此有了開始……

【課室管理的反省篇】

在攝影的設備上，建議使用專用攝影機。當時我個人使用的是數位相機的攝影功能，非常的不方便，因為大約每十分鐘，相機的攝影功能會自動跳出，因此常錯過了孩子精采的過程紀錄，當發現時已經來不及了。為了記錄完整的教學過程及每位孩子的表現，只好反覆進行活動繼續攝影，這樣所記錄到的已不再是孩子第一次的認知及反應，而是被老師引導過的學習反應。這是我的疏忽，沒注意到 3C 產品的優缺點，進而影響了紀錄工作。此部分讓我學習到下次一定要先測試後再進行活動，以免發生相同的錯誤。

【幼兒的行為篇】

整個情緒教學過程從「前測」→「課程活動」→「後測」完整的記錄，發現有些幼兒的結果是沒有進步的，尤其是小幼班的孩子們；或許是年齡層還小，在理解能力及判斷能力上較弱，似懂非懂的年紀，在表達上無法正確表明其意思。故在進行完前測、後測後的比較下是沒有明顯的進步，有些幼兒甚至還退步了！但在主題進行時，老師引導菜市場，市場裡有各式各樣的攤位，探討到賣魚攤位的老闆拿著魚叫賣的情節：「太太！魚好吃喔！」幼兒們的反應是「鯛魚媽媽怕怕」，正表示孩子對故事的內容有所了解及感受到鯛魚媽媽當下害怕的情緒反應。因此透過《鯛魚媽媽逛百貨公司》一書，讓孩子對害怕的情緒有正確的理解能力，同時懂得何謂害怕的情緒認知！

貳 對情緒繪本教學之建議

上述是實例教學後，幼兒教師的自我省思，從中不免看出教師們實施前的不安及焦慮，但一步步走下去後，結果是甜美的。文獻證實，以繪本進行情緒教學對兒童的情緒發展是有幫助的，繪本具有抒解情緒的功能，是一種方便的有效媒介（陳書梅，2009）。教師們以情緒繪本設計教學活動，自然能產生好的教學成效。在與教師們討論教學活動時，小班老師原設計以正向、負向音樂進行情緒教學，而此類活動對小班年齡層的幼兒而言，似乎難度非常高；另外，小班老師也想以打氣筒灌氣球方式，營造緊張、害怕情緒，老師認為在氣球爆破後，小朋友會笑出來；小班老師想以此引導幼兒從負向情緒轉為正向情緒。事實上，在小班進行這種高難度的情緒轉換，可能難以達到預期效果。畢竟，3 歲以下幼兒較難呈現情緒教學成效（Rosnay, 2004），這也是小班教師進行此項活動時較難以施力之處。以情緒繪本進行活動設計時，教師們應明白幼兒情緒發展除有階段性之外（第二章已詳述），亦存有多項因素，並非每位幼兒都如出一轍，其個別差異性，包含了天生氣質、性別、家長及排行（Durlak & Wells, 1997; Izard, 2009; Park, 2010）。Rosnay（2004）整理近 20 年的文獻指出，幼兒的情緒發展因素至少有九個成分，包括：認知、外在原因、慾望、信念、提醒、調整、隱藏、混合、道德。以下分別加以說明：

1. 認知

約 3-4 歲兒童可以對情緒表達線索進行命名。例如，大多數這個年齡層的孩子可以識別面部表情的基本情緒（快樂、悲傷、恐懼、憤怒）。

2. 外在原因

約 3-4 歲幼兒開始了解外在因素會影響情緒。例如，當他們接受到禮物時會高興，而失去心愛的玩具會感到悲傷。

3. 慾望

約 3-5 歲兒童開始明白，人的情緒反應，取決於他們的願望。他們可以理解，不同的人在相同的情況下，會有不同的情緒感受，因為他們有不同的慾望。

4. 信念

4-6 歲的孩子開始了解，一個人的信念無論是真或假，將決定他的情緒反應。

5. 提醒

3-6 歲兒童開始理解記憶和情感之間的關係。他們知道情緒會隨時間而降低，但在某些元素下會是一種提醒，而重新恢復過去的情緒。

6. 調整

兒童年紀漸長，會使用不同的策略來控制情緒，8 歲以上的兒童會以心理策略（拒絕、注意力分散等）較深層的方式進行情緒控制。

7. 隱藏

4-6 歲幼兒明白內在的情緒與外在表現是有差異的，即是人的情感有些是被隱藏的。

8. 混合

約 8 歲的兒童開始明白，一個人在特定的狀況下，可能有多重甚至是矛盾的情緒反應。

9. 道德

約 8 歲的兒童開始了解，負向情緒在道德上應受譴責（例如，說謊、偷竊、隱瞞），而正向情緒在道德上是受到稱許的（例如，抗拒誘惑、認錯）。

Rosnay（2004）認為上述九個成份，不是每個孩子全部具備，一個孩子大約保有 2-3 個成份，這也是情緒個別化的重要因素。因此，教師以情緒繪本設計活動時須明白孩子的可能差異。以下提出幾個注意事項，供教師們參酌：

一、情緒繪本的適宜性

《新課綱》中將學習指標以年齡層分別設定，此用意即是指引教師們明白，幼兒年齡不同，情緒的發展亦有不同。因此，教師須以自己所帶領的班級屬性挑選繪本，畢竟孩子的生活經驗直接影響他對情緒的感受。其次，教師想進行的是正向或負向情緒認知，還是情緒調節或表達，教師須心中有譜，先行規劃，而後再依書目進行情緒繪本的挑選。本書於附錄一中列舉不同種類的情緒繪本，以供讀者們參考。總之，究竟要教幼兒的是何種情緒，教師須了然於心，方能出擊致勝。

二、教師的情緒認知能力

幼兒教師對「情緒領域」的困惑，可能是對情緒的認知不清楚所致。Shelton 和 Stern（2004）即認為，幼兒教師將「情緒教學」置於正常教學之外，導致教師們產生了另一種教學的壓力，因此，在教學中難以達成目的。教師能理解課室中自我及幼兒的情緒，便可提高幼兒的課堂參與（Park, 2010），教師有了具體的教學策略及方法，對於學生的學習成效是有幫助的（Shelton & Stern, 2004）。因此，在面對「情緒」課題時，教師們須先從自我認知的培養做起，更便於情緒教學的活動設計。

三、以幼兒生活經驗為主

《新課綱》的基本精神強調以幼兒生活經驗為主，在設計活動時，教師更須以此為據，千萬不要以自我的思維加注於幼兒身上。例如，以正向、負向音樂來引導幼兒認識情緒，幼兒是否具備此項生活經驗，答案是存疑的。因此，教師在設計活動前，可先與幼兒們討論、分享，除引起學習動機外，亦能從幼兒的分享中得知幼兒經驗，在設計活動時才能讓幼兒從經驗中反思，達到教學目的。

四、情緒能力的適切性

幼兒的情緒發展會因年齡層不同而有所差異，教師以情緒繪本進行教學時，仍需考量幼兒對情緒的察覺、理解、表達及調節能力。例如，《新課綱》情緒領域同樣是課程目標「情-1-

1」，2-3 歲及 3-4 歲的學習指標為「知道自己常出現的正負向情緒」，而 4-5 歲及 5-6 歲的學習指標則是「辨認自己常出現的複雜情緒」。足見，幼兒的年齡層級不同，教師所欲達成之學習指標也會不同。所以，幼兒教師在教學過程中，應將幼兒的年齡層次考量進去，方能教導幼兒適切的情緒能力。

五、符合幼兒年齡的活動設計

如上述所言，幼兒不同的年齡有不同的情緒發展狀況，教師在設計活動時須時時提醒自己，要以幼兒年齡層為考量。例如，教導「害怕（恐懼）情緒」，有教師提議用「恐怖箱」遊戲，讓幼兒在進行遊戲時，能深刻體會「恐懼」。此種教學活動設計只著重在「我要教什麼」而沒有考量到幼兒的年齡層，畢竟對一個學齡前的孩子，以恐怖箱進行情緒教學活動，其延伸的負面影響，可能大於教師所欲教導的。因此，教師設計教學活動時，勿一味只想到要教的情緒，而忽略了班級孩子們的真正感受。

六、依幼兒園總體課程進行規劃

教師不習慣進行情緒教學，有部分原因是因為怕影響幼兒的正規學習課程（傅清雪，2012）。但事實上，「情緒教學」可將之融入一般的教學課程中，亦可以幼兒園中已排定之主題，進行活動設計，而不必「為了教而教」的特別設計。以本書實例教學為例，合作之園所教師，進行情緒繪本教學活動時，該園所進行的主題為「逛街」。因此，教師即以此為核心找尋適宜之情緒繪本，再依此進行活動設計。例如，《小雞逛超市》、《鯛魚媽媽逛百貨公司》、《爸爸走丟了》即是以該園所之主題進行「情緒教學」的活動設計。幼兒教師們可從原先已排定的主題教學，再依主題，尋覓故事內容或主角屬性相同的情緒繪本進行規劃，如此不僅能達成教師的情緒教學活動，亦能與園所整體課程相符，教師實行時較能順勢而為，事半功倍。

七、同儕的討論與協助

幼兒教師在進行「情緒教學」活動設計時，應以園所總體課程為規劃藍本，例如：園所目前的主題為「逛街」，就以逛街相關的繪本來設計活動，如此才不會與園所的整體例行作息產生衝突。設計活動時可與其他班級教師彼此討論，並汲取他人之優點，改進自我不足之處。畢竟，旁觀者清，從不同的角度來評估，更能吻合主題，也能達成教師們的教學目的。

八、家長的共同參與

幼兒到園後的情緒很多是延續在家中的事件，例如，幼兒沒睡好，早上起床後便心情不佳，到園後，事事均不順心，有時哭鬧不停，或與其他幼兒爭吵。幼兒的情緒從家長端便須留意，而不只是教師們的責任。因此，建議家長們熟知幼兒的情緒狀態，如果幼兒起床後情緒不好，到園後能主動與教師溝通，教師可以先安撫幼兒，或在教學時適時加以引導，對幼兒的情緒轉換能有很大幫助。倘若，家長來去匆匆，教師較難很快進入幼兒情緒狀態。而教師在進行情緒教學時，亦能從家長處得知幼兒的情緒狀態，融入教學中，從幼兒的生活經驗導入，更能引起幼兒注意。

上述建議，供幼兒教師們參酌，有些是老生常談，但愈是平常之事，愈可能忽略。多位學者建言，幼兒的情緒調節不好，其情緒和行為能力就會產生困難（Eisenberg et al., 2001），學習狀況變差（Shields, Dickstein, Seifer, Giusti, Magee, & Spritz, 2001），社交技巧與能力會低落（Miller, Fine, Gouley, Seifer, Dickstein, & Shields, 2006），亦會引起負面情緒與內在心理的發展問題（Eisenberg, Fabes, Bernzweig, Karbon, Poulin, & Hanish, 1993）。當然，有了好的情緒能力及技巧，可幫助兒童形成積極的同儕關係，也可幫助他們提升解決問題的能力（Bridges, Denham, & Ganiban, 2004; Lindsey & Colwell, 2003）。種種事證告訴我們，孩子的情緒能力，是需要靠幼兒教師們多費此工夫，幫助幼兒得到更好的情緒及社會能力。

幼兒教師的情緒教學評量

教學評量可讓幼兒教師們更了解自己的教學成果，檢視幼兒的學習是否達到自己預設的目標。在《新課綱》情緒領域的評量，主要在理解日常幼兒與自己及他人互動和引發情緒之事物出現時，處理情緒的整體表現。情緒不僅出現在教保活動進行時，也出現在日常生活的人際交流與互動中（教育部，2012）。幼兒教師隨時注意幼兒情緒能力的表現，可從平日觀察、定期分析中，了解幼兒的情緒能力學習狀況，而教師們亦可從自己的教學省思中，評量情緒領域中，幼兒是否達到預設的學習指標。

《新課綱》情緒領域的評量原則針對幼兒表現的觀察、分析，及幼兒教師須省思的重點（教育部，2012），均有詳細說明。以下筆者節錄《新課綱》情緒領域的評量原則，供讀者們參考：

1. 幼兒的表現

(1) 平日的觀察

依據本領域的範圍與內容，教保服務人員宜在生活隨機教學、實施其他領域教學以及實施本領域教學時，蒐集幼兒活動的紀錄、錄音和作品，來記錄幼兒的情緒行為。依據情緒領域的各課程目標，教保服務人員蒐集的資料可包括下列面向：

1-1 覺察與辨識自己的情緒

- 幼兒能覺察到自己的情緒現在是開心還是害怕？
- 能命名與區別自己的情緒嗎？例如當自己微笑的時候，會說自己很開心。
- 能區別同一事件中自己兩種以上的情緒嗎？例如描述去「鬼屋」玩，會說：「很害怕，可是很好玩」。
- 幼兒在與他人互動時的神情或肢體動作，是否有正／負面的情緒？
- 能比較不同的情緒嗎？例如會選擇自己比較喜歡的活動加入。

1-2 覺察與辨識環境中他人和擬人化物件的情緒

- 幼兒能比較他人跟自己不同的喜好嗎？
- 幼兒看到有人受傷，能猜測他一定很痛嗎？
- 幼兒可以從事件的脈絡中簡單地說出他人的心情嗎？

- 幼兒能透過察覺與辨識將自己的情緒反應到環境中的事物嗎？例如吃麵包時，小狗看著麵包流口水，會說：「狗狗你也想吃嗎？」
- 當他人有開心或是生氣等情緒時，幼兒能注意到嗎？
- 當他人的表情或是行為改變時，幼兒是否能察覺辨識他人的情緒變化？

2-1 合宜地表達自己的情緒

- 遇到困難或是新的挑戰時，幼兒能說出自己當時的情緒以尋求援助嗎？
- 當幼兒開心的時候是否能使用語言表達情緒及感受，並與人分享？例如：「今天的點心是我最喜歡吃的食物，我很開心。」
- 幼兒的玩具被搶後，是否能直接與對方溝通？
- 是否能透過身體來表達情緒？例如抬頭挺胸、垂頭喪氣、步履輕快等？幼兒在與他人互動時的肢體動作，是否輕柔？
- 是否會運用臉部或肢體動作來表達情緒？幼兒在課程進行時的動作姿勢，是否輕鬆愉悅？或是緊張、害怕？

2-2 適當地表達生活環境中他人和擬人化物件的情緒

- 幼兒能在與他人的對話中表達自己的情緒嗎？
- 幼兒能自言自語地對動物或大自然表達自己的情緒嗎？
- 幼兒能適時地說出自己對環境與他人同理的情緒嗎？
- 幼兒對同一事件，能因對象的不同，而有不同的情緒表達方式嗎？

- 當他人有情緒產生時，是否能表示關心？
- 能用作品表現生活事件所引發的情緒嗎？
- 是否能用扮演遊戲或是符號來表現生活事件所引發的情緒嗎？
- 幼兒能用點頭或是注視等簡單的形式來表示同理家人或朋友的情緒嗎？

3-1 理解自己情緒出現的原因

- 是否能描述自己的情緒行為與說出原因？例如停電時黑漆漆，所以我感到害怕。
- 幼兒能知道自己在不同情況下會有不同的心情嗎？例如好朋友跟我一起玩時，我會覺得很快樂；有人搶我的玩具時，我會覺得很生氣。

3-2 理解生活環境中他人和擬人化物件情緒產生的原因

- 當他人有情緒表現時，是否能描述解釋他人情緒的原因？
- 幼兒能關懷他人產生情緒的原因，且知道故事中主要角色的情緒嗎？
- 幼兒能知道他人在不同的情況下會有不同的情緒嗎？
- 幼兒能理解自己的情緒表達會影響他人的反應嗎？例如他人不喜歡吃蔬菜，幼兒說：「以前我也不喜歡吃，先吃少少的以後就會喜歡了。」
- 幼兒能理解他人和自己對同一件事情，未必會有相同的感受嗎？例如我喜歡騎腳踏車，可是有人不喜歡騎。

4-1 運用策略調節自己的情緒

- 當遭遇情緒事件時，是否能用策略進行調節？
- 幼兒能運用適當的策略因應自己的情緒嗎？
- 幼兒能在調節自己的情緒時繼續活動嗎？
- 遇到突發狀況時，幼兒能立刻覺察自己的情緒，並且調節情緒嗎？

(2) 定期分析

教保服務人員透過各種方式，對幼兒在生活事件、其他領域教學與情緒領域教學或課程討論時的情緒行為，進行觀察與記錄或收集作品，作為了解幼兒情緒能力表現的參考。教保服務人員可根據以下所列各個關注面向分析觀察資料，並嘗試從中了解幼兒為何如此表現，以為調整後續課程內容、教學方法或個別指導的參考：

資料來源	關注面向
觀察紀錄	正負向情緒出現比例 分離焦慮的表達與調節 受到外在刺激時的表情與動作 能感受到周遭他人所表現出來的情緒 對於不能立即滿足其需求的事物，願意等待 願意原諒他人不小心的冒犯 情緒表達的合宜性 情緒表現自我完成度
幼兒作品	作品中所表達的正負向情緒 幼兒在描述作品時，是否包括個人情緒能力的表現 透過作品表現情緒後，幼兒情緒的穩定性

接下頁

承上頁

課程討論（師生間及同儕間互動）	可以說出自己或他人情緒的類型 嘗試說明自己情緒產生的原因 猜測他人的情緒類型 說出自己感受到文本中主角的情緒 產生衝突時，覺察辨識自己與他人情緒程度 可說出合宜性的情緒表達方式 適當的調節自我情緒
檢核表	可依照幼兒情緒行為出現的頻率分為：「未出現」、「需要提醒與協助才能完成」、「有時做到但有時稍加提醒即可做到」與「可以自己完成」等四種程度來記錄。

對於平日觀察資料的分析，可以協助教保服務人員了解個別幼兒發展的情況，了解幼兒是否「自己完成」，提示教保服務人員如何提供給個別的幼兒即時而必要的協助，並省思自己的教學。

2. 教保服務人員教學省思

教保服務人員適時地提供各種經驗，引導了解幼兒辨識對自己、他人與環境的情緒，鼓勵幼兒練習調適情緒及適當表達，並且在進行其他各領域的教學活動時，皆要兼顧與本領域的配合。

教保服務人員評量出幼兒的情緒能力發展現況後，針對情緒的教學目標進行有系統地設計課程，再依據教學目標設定活動目標，並且透過後續的教學活動，讓教學更加符合幼兒的發展。

建議教保服務人員可以透過教學日誌的書寫、蒐集幼兒作品及觀察幼兒創作的過程，檢視自己的教學。每次的教學活動都有其活動目標，所以定期檢視活動目標的達成程度，以了解情緒領域的教保活動是否與幼兒發展相符，並省思如何提升幼兒在本領域的發展。

(1) 省思幼兒的學習

藉由蒐集團體、小組或個別幼兒互動的相關資料，有助於教保服務人員觀察個別幼兒的情緒行為表現。透過累積次數與時間的方式，追蹤了解個別幼兒的差異，並依據幼兒的行為表現，進行適當的輔導與教學。

教保服務人員可參照學習指標，檢視幼兒有哪些情緒能力是應該要發展但是還未發展出來？或是幼兒已經不需要協助而能自己完成。

- 幼兒是否能達到該年齡層在覺察辨識上的能力？
- 幼兒是否能用合宜的方式表達自己的情緒？
- 幼兒是否能同理自己與他人的情緒？
- 幼兒是否能調節情緒行為？

(2) 省思教保服務人員的教學

- 是否根據情緒領域教學原則進行教學？
- 是否針對幼兒情緒領域的需求來設計課程？
- 是否適當地評量幼兒的情緒能力？
- 是否關注到自己在教學時的情緒變化？

結語

情緒在孩子學業成就上扮演舉足輕重的角色，情緒的調節能

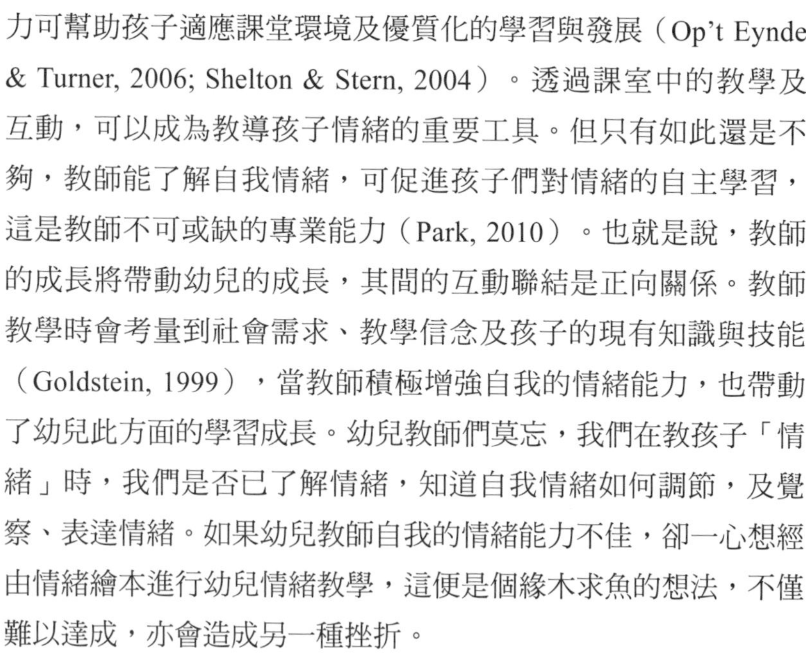

力可幫助孩子適應課堂環境及優質化的學習與發展（Op’t Eynde & Turner, 2006; Shelton & Stern, 2004）。透過課室中的教學及互動，可以成為教導孩子情緒的重要工具。但只有如此還是不夠，教師能了解自我情緒，可促進孩子們對情緒的自主學習，這是教師不可或缺的專業能力（Park, 2010）。也就是說，教師的成長將帶動幼兒的成長，其間的互動聯結是正向關係。教師教學時會考量到社會需求、教學信念及孩子的現有知識與技能（Goldstein, 1999），當教師積極增強自我的情緒能力，也帶動了幼兒此方面的學習成長。幼兒教師們莫忘，我們在教孩子「情緒」時，我們是否已了解情緒，知道自我情緒如何調節，及覺察、表達情緒。如果幼兒教師自我的情緒能力不佳，卻一心想經由情緒繪本進行幼兒情緒教學，這便是個緣木求魚的想法，不僅難以達成，亦會造成另一種挫折。

時下方興未艾的正向心理學（positive psychology），探討人類最佳心理機能、美好生活及幸福感。有別於過去僅重視憂鬱、焦慮、心理失調等徵狀，事實上，大多數人們渴望的是享有更多的幸福與更高品質的生活（Seligman, 2012）。「2008 年世界兒童現況」報告（The State of the World's Children 2008），發表了「兒童快樂國」跨國比較研究，臺灣兒童的主觀「幸福」表現是 22 個先進國家中的倒數第四，此意謂國內兒童對現實生活感到不幸福、不快樂（兒童福利聯盟文教基金會，2008）。幸福是一種相對的比較，當我們想為孩子們的「幸福」盡力時，除了考量施行步驟外，孩子們個人經驗的合宜性及教師們的引導，將是個重要的考量。誠如 Goleman（1995）所言，兒童的情緒與情感反應，影響他們的生理與心理感受，因為兒童會集中注意力，激勵自我的身體，並組織思維方式，以適應自己的需求。當我們為孩子舖陳「幸福之路」時，他們自會以自己的思維方式，找到自己的幸福感受。

參考文獻

中文部分

王文君（2009）。**故事繪本與幼兒情緒教育之研究——以幼稚園大班為例**。國立花蓮教育大學幼兒教育學系碩士論文，未出版，花蓮市。

王珮玲（1992）。**兒童氣質、父母教養方式與兒童社會能力關係之研究**。國立政治大學教育研究所博士論文。

王珮玲（2010）。**孩子的氣質你最懂**。臺北市：遠流。

江文慈（1999）。**情緒調整的發展軌跡與模式建構之研究**。國立臺灣師範大學教育心理與輔導研究所博士論文，臺北市。

何長珠（2003）。**團體諮商——心理團體的理論與實務**。臺北市：五南。

吳英璋（2001）。情緒教育的理論與內涵。**學生輔導，75**，66-79。

吳淑箐（2006）。國內當前兒童對圖畫書詮釋之觀點在教學與研究上的啟示。**中臺學報，17**（3），27-51。

李坤珊（譯）（2001）。莫莉 ・ 卞著。**菲菲生氣了——非常、非常的生氣**。臺北市：三之三文化。

杜維明（2004）。儒家傳統的現代化轉化。**浙江大學學報（人文社會科學版），34**（2），5-12。

汪珍宜（1989）。中國文化脈絡下的心身疾病。**疾病與文化**。新北市：稻鄉。

汪曼穎、王林宇（2006）。注意力分配對圖像登錄之影響及其在教學上的應用方向。**教育心理學報，38**（1），67-83。

兒童福利聯盟文教基金會（2008）。2008 年「兒童快樂國」跨國比較研究報告，未出版。

周念縈（譯）（2004）。W. V. Z. James 著。**人類發展學——兒童發展**。臺北市：麥格羅希爾。

林孟蕾（2003）。**繪本閱讀教學以情緒教育主題為例**。國立臺東大學兒童文學研究所碩士論文，未出版，臺東市。

洪慧芬（1996）。**幼兒圖畫書中父親及母親角色之內容分析研究**。國立臺灣師範大學家政教育研究所碩士論文。

洪蘭（2001）。兒童閱讀的理念——認知神經心理學的觀點。**教育資料與研究，38**，1-4。

洪蘭（2003）。情緒教育要及早開始。**康健雜誌，53**，106-108。

徐素霞（2001）。**臺灣兒童圖畫書導賞**。臺北市：國立臺灣藝術教育館。

張春興（2006）。**張氏心理學辭典**。臺北市：東華。

張慧芝（譯）（2001）。D. E. Papalia 著。**人類發展——兒童心理學**。臺北市：桂冠。

教育部（2010）。**國中小概況**。2010 年 11 月 3 日，取自 http://www.edu.tw/statistics/content.aspx?site_content_sn=8956

教育部（2012）。**幼兒園教保活動課程暫行大綱**。2013 年 9 月 13 日，取自 http://www.ece.moe.edu.tw/?p=2545

莊素芬（譯）（1999）。M. C. Hyson 著。**情緒發展與 EQ 教育**。臺北市：桂冠。

郭麗玲（1991）。在畫中說故事的「圖畫書」。**社教雙月刊，46**，20-33。

陳書梅（2009）。用繪本談情緒。**親子天下**，2009 年 4 月號，210-213。

陳維浩（2005）。**《論語》中的情感語詞研究**。國立臺灣大學心理學研究所碩士論文。

傅清雪（2012）。「幸福感教學」我們可以怎麼做？——英國社會與情緒發展學習方案（SEAL）的省思。**教育研究月刊，218**，120-128。

傅清雪（2013）。**人際關係——溝通與應用技巧**。新北市：普林斯頓國際。

曾娉妍（2011）。**繪本教學對國小學生負向情緒表達之影響**。國立臺中教育大學教育學系博士論文。未出版。

馮觀富（2005）。**情緒心理學**。臺北市：心理。

黃世琤（譯）（2004）。L. A. Sroufe 著。**情緒發展——早期情緒經驗結構**。嘉義市：濤石文化。

潘美玲（2008）。**運用圖畫書於幼稚園情緒教育之行動研究**。國立臺南大學幼兒教育學系教學碩士論文，未出版，臺南市。

鄭雪玫（1993）。**兒童圖書館理論／實務**。臺北市：臺灣學生書店。

鄭瑞菁（1999）。**幼兒文學**。臺北市：心理。

鄧運林（2008）。**兒童心理學：教育取向**。臺北市：華騰文化。

蕭雲菁（譯）（2008）。湯汲英史原著。**轉換孩子情緒的 22 句話**。臺北市：三采文化。

謝曜任（2005）。國小兒童偏差行為與其學校經驗相關之初探研究。**高應科大人文社會學學報，2**，249-272。

魏惠貞（譯）（2006）。M. C. Hyson 著。**幼兒情緒發展**。臺北市：華騰文化。

英文部分

Ashiabi, S. (2000). Promoting the emotional development of preschoolers. *Early Childhood Education Journal, 28*(2), 79-84.

Barrett, L. F., & Mesquita, B., & Ochsner, K. N., & Gross, J. J. (2007). The experience of emotion. *Annu. Rev. Psychology, 58*, 373-403.

Beedie, C. J., Terry, P. C., & Lane, A. M. (2005). Distinctions between emotion and mood. *Cognition and Emotion, 19*(6), 847-878.

Biederman, I. (1987). Recognition-by-components: A theory of human image understanding. *Psychological Review, 94*, 115-147.

Blair, K. S., Smith, B. W., Mitchell, D. G. V., Morton, J., Vythilingam, M., Pessoa, L., Fridberg, D., Zametkin, A., Nelson, E. E., Drevets, W. C., Pine, D. S., Martin, A., & Blair, R. J. R. (2007). Modulation of emotion by cognition and cognition by emotion. *Neuroimage, 35*(1), 430-440.

Bransford, J. D. etc. (2000). *How people learn: Brain, Mind, Experience, and School: Expanded Edition.* date: 2006/10/10. http://www.nap.edu/catalog.php?record_id=9853

Bridges, L. J., Denham, S. A., & Ganiban, J. M. (2004). Definitional issues in emotion regulation research. *Child Development, 75*, 340-345.

Brown, J. R., Donelan-McCall, N., & Dunn, J. (1996). Why talk about mental states? The significance of children's conversations with friends, siblings and mothers. *Child Development, 67*, 836-849.

Cicchetti, D., Ganiban, J., & Barnett, D. (1991). Contributions from the study of high risk populations to understanding the development of emotion regulation. In J. Garber & K. A. Dodge (Eds.), *The development of emotion regulation and dysregulation* (pp. 15-48). New York: Cambridge.

Cole, P. M., Martin, S. E., & Dennis, T. A. (2004). Emotion regulation as a scientific construct: Methodological challenges and directions for child development research. *Child Development, 75*(2), 317-333.

Compton, S. N., Burns, B. J., Egger, H. L., & Robertson, E. (2002). Review of the evidence base for treatment of childhood psychopathology: Internalizing disorders. *Journal of Consulting and Clinical Psychology, 70*, 1240-1266.

Cornelius R. R. (2000). *Theoretical approaches to emotion, ISCA workshop on speech and emotion*. Vassar College, Poughkeepsie, NY USA.

Damasio, A. R. (1999). *The feeling of what happens*. New York: Harcourt Brace and Company.

DellaMattera, J. N. (2011). Perceptions of preservice early educators: How adults support preschoolers' social development. *Journal of Early Childhood Teacher Education, 32*(1), 26-38.

Denham, S. A. (1998). *Emotional development in young children*. New York: The Guilford Press.

Denham, S. A. (2006). The emotional basis of learning and development in early childhood education. In B. Spodek & O. N. Saracho (Eds.), *Handbook of research on the education of young children* (pp. 85-103). Mahwah, NJ: Lawrence Erlbaum Associates.

Denham, S. A., & Weissberg, R. P. (2004). Social-emotional learning in early childhood: What we know and where to go from here. In E. Chesebrough, P. King, T. P. Gullota, & M. Bloom (Eds.), *A blueprint for the promotion of prosocial behavior in early childhood* (pp. 13-

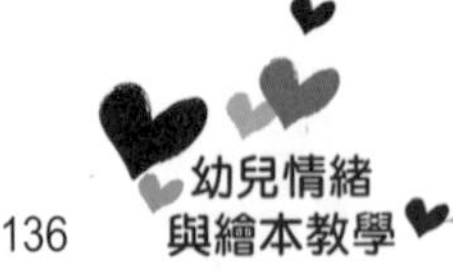

51). New York, NY: Kluwer Academic/ Plenum Publishers.

Denham, S. A., Blair, K. A., DeMulder, E., Levitas, E., Sawyer, J., Auerbach-Major, S., et al. (2003). Preschool emotional competence: Pathway to social competence. *Child Development, 74*, 238-256.

Denham, S. A., Brown, C. A., & Domitrovich, C. E. (2010). "Plays nice with others": Social-emotional learning and academic success. *Early Education and Development, 21*, 652-680.

Dockett, S., Perry, B., & Whitton, D. (2006). Picture storybooks and starting school. *Early Child Development and Care, 176*(8), 835-848.

Durlak, J. A., & Wells, A. M. (1997). Primary prevention mental health programs for children and adolescents: A meta-analytic review, *American Journal of Community Psychology, 25*(2), 115-152.

Egan, K. (1988). *Teaching as storytelling: An alternative approach to teaching and curriculum.* London: Routledge.

Egger, E. L., & Angold, A. (2006). Common emotional and behavioral disorders in preschool children: Presentation, nosology, and epidemiology. *Journal of Child Psychology and Psychiatry, 47*, 313-337.

Eisenberg, N., Cumberland, A., Spinrad, T. L., Fabes, R. A., Shepard, S. A., Reiser, M., et al. (2001). The relations of regulation and emotionality to children's externalizing and internalizing problem behavior. *Child Development, 72*, 1112-1134.

Eisenberg, N., Fabes, R. A., Bernzweig, J., Karbon, M., Poulin, R., & Hanish, L. (1993). The relations of emotionality and regulation to preschoolers' social skills and sociometric status. *Child Development, 64*, 1418-1438.

Estrada, C., Young, M., & Isen, A. (1994). Positive affect influences creative problem solving and reported source of practice satisfaction in physicians. *Motivation and Emotion, 18*, 285-299.

Evans, D. (2003). *Emotion: A very short introduction.* Oxford: Oxford University.

Fabes, R. A., & Eisenberg, N. (1992). Young children's coping with interpersonal anger. *Child Development, 63*, 116-128.

Fischer, K. W., Shaver, P. R., & Carnochan, P. (1990). How emotions develop and how they organize development. *Cognition and Emotion, 4*, 81-127.

Fu, C. S. (2012). What are Emotions in Chinese Confucianism? *Linguistics, Culture & Education, 1*(1), 78-93.

Gagné, R. M. (1977). *The conditions of learning.* New York: Holt, Rinehart and Winston.

Garner, P. W. (2010). Emotional competence and its influences on teaching and learning. *Education Psychology Review, 22*, 297-321.

Garner, P. W., & Estep, K. M. (2001). Emotional competence, emotion socialization, and young children's peer-related social competence. *Early Education and Education, 12*, 29-48.

Garner, P. W., & Waajid, B. (2008). The associations of emotion knowledge and teacher-child relationships to preschool children's school-related developmental competence. *Journal of Applied Developmental Psychology, 29*, 89-100.

Ghosn, I. K. (1999). *Emotional intelligence through literature.* Paper presented at the annual meeting of the teachers of English to speakers of other languages, New York, NY.

Glazer, J. I. (2000). *Literature for young children* (4th ed). Upper Saddle

River, NJ: Merrill.

Goldstein, L. S. (1999). The relational zone: The role of caring relationships in the co-construction of mind. *American Educational Research Journal, 36*(3), 647-673.

Goldstein, L. S. (2007). Beyond the DAP versus standards dilemma: Examining the unforgiving complexity of kindergarten teaching in the United States. *Early Childhood Research Quarterly, 22*, 39-54.

Goleman, D. (1995). *Emotional intelligence.* New York: Bantam.

Hansen, C. C. (2007). Loving and learning with Wemberly and David: Fostering emotional development in early childhood education. *Early Childhood Education Journal, 34*(4), 273-278.

Hansen, C. C., & Zambo, D. (2005). Piaget, meet Lilly: Understanding child development through picture book characters. *Early Childhood, 33*(1), 39-45.

Hatch, J. A. (2005). *Teaching in the new kindergarten.* Clifton Park, NY: Thomson Delmar Learning.

Heald, R. (2008). Musicality in the language of picture books. *Children's Literature in Education, 39*(3), 227-235.

Hoffman, L.W., & Nye, F. I. (1974). *Working mother: As evaluation of the consequences for wife, husband, and child.* San Francisco: Jossey-Bass.

Hyson, M. (2002). Emotional development and school readiness: Professional development. *Young Children, 57*(6), 76-78.

Hyson, M. (2004). *The emotional development of young children—building an emotion-centered curriculum. 2nd ed.* New York, NY: Teachers College, Columbia University.

Hyson, M. C., Whitehead, L. C., & Prudhoe, C. M. (1988). Influences on attitudes toward physical affection between adults and children. *Early Childhood Research, 3*(1), 55-75.

Izard, C. E. (1991). *The psychology of emotions.* New York: Plenum.

Izard, C. E. (2009). Emotion theory and research: Highlights, unanswered questions, and emerging issues. *Annual Review of Psychology, 60*, 1-25.

Karraker, K. H., Lake, M. A., & Parry, T. B. (1994). Infant coping with everyday tressful events. *Merrill-almer Quarterly, 40*, 171-189.

Lauritzen, C., & Jaeger, M. (1997). *Integrating learning through story: The narrative curriculum.* New York: Delmar Publishers.

Leerkes, E. M., Paradise, M., O'Brien, M., Calkins, S. D., & Lange, G. (2008). Emotion and cognition processes in preschool children. *Merrill-Palmer Quarterly, 54*, 102-124.

Lepper, M. R., Corpus, J. H., & Iyengar, S. S. (2005). Intrinsic and extrinsic motivational orientations in the classroom: Age differences and academic correlates. *Journal of Education & Psychology, 97*, 184-196.

Lewis, M., & Michalson, L. (1983). *Children's emotions and moods: Developmental theory and measurement.* New York: Plenum.

Lindquist, K. A., Barrett, L. F., Bliss-Moreau, E. & Russell, J. A. (2006). Language and the perception of emotion. *Emotion, 6*(1), 125-138.

Lindsey, E. W., & Colwell, M. J. (2003). Preschoolers' emotional competence: Links to pretend and physical play. *Child Study Journal, 33*, 39-52.

Linnenbrink, E. A., & Pintrich, P. R. (2002). Achievement goal theory and affect: An asymmetrical bidirectional model. *Educational Psychologist, 37*, 69-78.

Liston, D. D. (1994). *Story-telling and narrative: A Neuro-philosophical perspective.* (ERIC Document Reproduction Service No. ED372092)

Merrell, K. W. (2001). *Helping students overcome depression and anxiety: A practical guide.* New York: The Guilford Press.

Merrell, K. W., & Gueldner, B. A. (2010). *Social and emotional learning in the classroom: Promoting mental health and academic success.* New York, NY: The Guilford Press.

Meyer, D. K., & Turner, J. C. (2002). Using instructional discourse analysis to study the scaffolding of student self-regulation. *Educational Psychologist, 37*(1), 17-25.

Miller, A. L., Fine, S. E., Gouley, K. K., Seifer, R., Dickstein, S., & Shields, A. (2006). Showing and telling about emotions: Interrelations between facets of emotional competence and associations with classroom adjustment in Head Start preschoolers. *Cognition and Emotion, 20*, 1170-1192.

Nisbett, R. (2003). *The geography of thought: How Asians and Westerners think differently and why.* N.Y.: Free Press.

Op't Eynde, P., & Turner, J. E. (2006). Focusing on the complexity of emotion issues in academic learning: A dynamical component systems approach. *Educational Psychology of Review, 18*, 361-376.

Panju, M. (2008). *7 successful strategies to promote emotional intelligence in the classroom.* New York : Continuum.

Park, M. H. (2010). *Early childhood educators' pedagogical decision-making and practices for emotional scaffolding.* Doctor of Philosophy.

The University of Texas at Austin, USA.

Pekrun, R. (2006). The control-value theory of achievement emotions: Assumptions, corollaries, and implications for educational research and practice. *Educational Psychology Review, 18*, 315-341.

Pekrun, R., Goetz, T., & Titz, W. (2002). Academic emotions in students' self-regulated learning and achievement: A program of qualitative and quantitative research. *Educational Psychologist, 37*(2), 91-105.

Plutchik, R. (1980). A language for emotions. *Psychology Today, 13* (9), 68-78.

Rimm-Kaufman, S. E., Pianta, R. C., & Cox, M. J. (2000). Teachers' judgments of problems in the transition to kindergarten. *Early Childhood Research Quarterly, 15*, 147-166.

Rosnay, M. de. (2004). Emotion comprehension between 3 and 11 years: Developmental periods and hierarchical organization. *European Journal of Developmental Psychology, 1*(2), 127-152.

Russell, J. A. (2003). Core affect and the psychological construction of emotion. *Psychology Review, 110*, 145-172.

Saarni, C. (1999). *The development of emotional competence.* New York: Guilford.

Santangelo, P. (2007). Emotions and perception of inner reality: Chinese and European. *Journal of Chinese Philosophy*, 291-308.

Scherer, K. R. (2005). What are emotions? And how can they be measured? *Social Science Information*, *44*(4), 695-729.

Schutz, P. A., & Pekrun, R. (2007). *Emotion in education.* Boston: Elsevier.

Schutz, P. A., & Davis, H. A. (2000). Emotions and self-regulation during test taking. *Educational Psychologist, 35*, 243-256.

Schutz, P. A., Hong, J. Y., Cross, D. I., & Osbon, J. (2006). Reflections on investigating emotions among educational contexts. *Educational Psychology Review, 18*, 343-360.

Seligman, M. (2012).Teaching Well-Being in Schools. 2012/03/16. Available online at: http://www.authentichappiness.sas.upenn.edu/newsletter.aspx?id=1551

Seligman, M. E. P., Ernst, R. M., Gillham, J., Reivich, K., & Linkins, M. (2009). Positive education: Positive psychology and classroom interventions. *Oxford Review of Education, 35*(3), 293-311.

Shelton, C. M., & Stern, R. (2004). *Understanding emotions in the classroom: Differentiating teaching strategies for optimal learning.* New York: Dude Publishing.

Shields, A., Dickstein, S., Seifer, R., Giusti, L., Magee, K. D., & Spritz, B. (2001). Emotional competence and early school adjustment: A study of preschoolers at risk. *Early Education and Development, 12*, 73-96.

Solomon, R. C., & Stone, L. D. (2002). On "positive" and "negative" emotions. *Journal for the Theory of Social Behaviour, 32*(4), 417-435.

Thompson, R. A. (1991). Emotional regulation and emotional development. *Educational Psychology Review, 3*, 269-307.

Trentacosta, C. J., & Izard, C. E. (2007). Kindergarten children's emotion competence as a predictor of their academic competence in first grade. *Emotion, 7*, 77-88.

Van Hemert, D. A., Poortinga, Y. H., & Van de Vijver, F. J. R. (2007). Emotion and culture: A meta-analysis. *Cognition and Emotion, 21*(5), 913-943.

Watson, D., Wiese, D., Vaidyas, J., & Tellegen, A. (1999). The two general

activation systems of affect: Structural findings, evolutionary considerations, and psychological evidence. *Journal of Personality and Social Psychology, 76*, 820-838.

Wells, J., Barlow, J., & Stewart-Brown, S. (2003). A systematic review of universal approaches to mental health promotion in schools. *Health Education, 103*, 197-220.

Zambo, D. M. (2006). Learning from picture book characters in read aloud sessions for students with ADHD. *Teaching Exceptional Children Plus 2*(4). Retrieved Feb. 2012/2/19 from http://escholarship.bc.edu/education/tecplus/ vol2/iss4/art4

Zeece, P. D. (2000). Books about feelings and feelings about books: Literature choices that support emotional development. *Early Childhood Education Journal, 28*(2), 111-115.

附錄一　幼兒情緒教學繪本書目

情緒概念	繪本名稱	出版社	情緒教學目標
認識情緒	珊珊	上誼文化	認識情緒類別
	綠池白鵝	天衛文化	認識情緒類別
	小雞逛超市	小魯文化	認識情緒類別
	亂 78 糟	信誼	察覺情緒
	鯛魚媽媽逛百貨公司	小魯文化	認識情緒類別
	愛心樹	玉山社	察覺情緒
生氣	生氣湯	上誼文化	了解生氣情緒
	我好生氣	天下雜誌	協助幼兒理解生氣情緒及調節之能力
	家有生氣小恐龍	大穎文化	了解生氣情緒及調節
	菲菲生氣了——非常、非常的生氣	三之三文化	增進幼兒對生氣情緒的表達與調節
	我變成一隻噴火龍了	和英	了解生氣情緒
	愛生氣的安娜	小天下	增進幼兒對生氣情緒的表達與調節
	壞心情	小魯文化	了解生氣情緒
害怕（恐懼）	安娜害怕的時候	阿布拉	了解害怕情緒
	我好害怕	天下雜誌	學習害怕情緒的調節

情緒概念	繪本名稱	出版社	情緒教學目標
害怕（恐懼）	小美一個人在家	漢聲	了解害怕情緒
	馬桶裡有妖怪	東方	了解害怕情緒的表達
	傑西卡和大野狼	遠流	學習害怕情緒的調節
	勇敢的莎莎	三之三文化	學習害怕情緒的調節
	祖母的妙法	漢聲	學習害怕情緒的調節
	你睡不著嗎？	上誼	學習害怕情緒的調節
	第一次拔牙	上誼	學習害怕情緒的調節
	第一次上街買東西	漢聲雜誌	了解害怕情緒
	爸爸走丟了	漢聲雜誌	了解害怕情緒
	不要惡作劇	漢湘文化	了解害怕情緒
	床底下的怪物	上誼	學習害怕情緒的調節
難過	我好難過	天下雜誌	理解難過情緒的調節
	小魯的池塘	三之三文化	了解難過情緒
	再見 · 斑斑	漢聲文化	增進幼兒難過情緒的表達
嫉妒	我好嫉妒	天下雜誌	了解嫉妒情緒的表達
	江布朗和半夜貓	三之三文化	了解嫉妒情緒
	我希望我弟弟是一隻狗	親親文化	了解嫉妒情緒

情緒概念	繪本名稱	出版社	情緒教學目標
擔心	我好擔心	三之三文化	了解擔心情緒
	小凱的家不一樣	台灣英文雜誌社	了解擔心情緒及調節
寂寞	大猩猩	格林文化	了解寂寞情緒
	紙做的城堡	三之三文化	了解寂寞情緒
	媽媽，外面有陽光	和英	了解寂寞情緒的調節
	沒有人喜歡我	三之三文化	了解寂寞情緒表達
	嘉嘉	和英	了解寂寞情緒表達與調適
	我的秘密朋友阿德	遠流	認識寂寞情緒
想念	我想念你	天下雜誌	了解想念情緒
	夏天來的時候，我會想念你	大塊文化	了解想念情緒及表達
	想念巴尼	東方	了解想念情緒
	想念的沙漠	米奇巴克	了解想念情緒及表達
悲傷	爺爺有沒有穿西裝	格林	了解悲傷情緒
	豬奶奶說再見	東方	了解悲傷情緒
	全世界最棒的貓	道聲	了解悲傷情緒及調節
	獨自去旅行	大穎文化	了解悲傷情緒及調節
	阿比，為什麼傷心？	親親文化	認識悲傷情緒

情緒概念	繪本名稱	出版社	情緒教學目標
討厭	我最討厭你了	遠流	認識討厭情緒及表達
挫折	媽媽的紅沙發	三之三文化	認識挫折情緒
	我和我的腳踏車	和英	認識挫折情緒
幸福	帶來幸福的酢漿草	小魯文化	了解幸福情緒
高興	我好興奮	心理	了解高興情緒
	波利，生日快樂	上人文化	對高興情緒的表達
	生日禮物	彩虹兒童文化	了解高興情緒
	花婆婆	三之三文化	了解高興情緒

附錄二　情緒領域各年齡層學習指標

課程目標	2-3 歲學習指標	3-4 歲學習指標	4-5 歲學習指標	5-6 歲學習指標
情 -1-1 覺察與辨識自己的情緒	情 - 幼 -1-1-1 知道自己常出現的正負向情緒	情 - 小 -1-1-1 →	情 - 中 -1-1-1 辨認自己常出現的複雜情緒	情 - 大 -1-1-1 →
	情 - 幼 -1-1-2 知道自己的同一種情緒存在著兩種程度上的差異	情 - 小 -1-1-2 →	情 - 中 -1-1-2 辨別自己的同一種情緒有程度上的差異	情 - 大 -1-1-2 辨識自己的同一種情緒在不同情境中會出現程度上的差異
			情 - 中 -1-1-3 辨識自己在同一事件中存在著多種情緒	情 - 大 -1-1-3 →

課程目標	2-3 歲學習指標	3-4 歲學習指標	4-5 歲學習指標	5-6 歲學習指標
情 -1-2 覺察與辨識生活環境中他人和擬人化物件的情緒	情 - 幼 -1-2-1 覺察與辨識常接觸的人和擬人化物件的情緒	情 - 小 -1-2-1 → 情 - 小 -1-2-2 辨識各種文本中主角的情緒	情 - 中 -1-2-1 從事件脈絡中辨識他人和擬人化物件的情緒 情 - 中 -1-2-2 →	情 - 大 -1-2-1 → 情 - 大 -1-2-2 →
情 -2-1 合宜地表達自己的情緒	情 - 幼 -2-1-1 運用動作或表情表達自己的情緒	情 - 小 -2-1-1 運用動作、表情、語言表達自己的情緒	情 - 中 -2-1-1 → 情 - 中 -2-1-2 以符合社會文化的方式來表達自己的情緒	情 - 大 -2-1-1 → 情 - 大 -2-1-2 →
情 -2-2 適當地表達生活環境中他人和擬人化物件的情緒		情 - 小 -2-2-1 以表情或肢體動作表達家人、朋友或動物的情緒	情 - 中 -2-2-1 適時地使用語言或非語言的形式表達生活環境中他人或擬人化物件的情緒	情 - 大 -2-2-1 →

課程目標	2-3 歲學習指標	3-4 歲學習指標	4-5 歲學習指標	5-6 歲學習指標
情 -3-1 理解自己情緒出現的原因	情 - 幼 -3-1-1 知道自己情緒出現的原因	情 - 小 -3-1-1	情 - 中 -3-1-1 知道自己複雜情緒出現的原因 情 - 中 -3-1-2 知道自己在同一事件中產生多種情緒的原因	情 - 大 -3-1-1 → 情 - 大 -3-1-2 →
情 -3-2 理解生活環境中他人和擬人化物件情緒產生的原因		情 - 小 -3-2-1 理解常接觸的人其情緒產生的原因	情 - 中 -3-2-1 理解常接觸的人或擬人化物件情緒產生的原因 情 - 中 -3-2-2 探究各類文本中主要角色情緒產生的原因	情 - 大 -3-2-1 情 - 大 -3-2-2

課程目標	2-3 歲學習指標	3-4 歲學習指標	4-5 歲學習指標	5-6 歲學習指標
情 -4-1 運用策略調節自己的情緒	情 - 幼 -4-1-1 處理自己常出現的負向情緒	情 - 小 -4-1-1 →	情 - 中 -4-1-1 運用等待或改變想法的策略調節自己的情緒	情 - 大 -4-1-1 →
		情 - 小 -4-1-2 處理分離焦慮或害怕的情緒	情 - 中 -4-1-2 →	情 - 大 -4-1-2 →

註：1. ——→ 表示延續前一個年齡階段的學習指標。

2. 學習指標第一個文字為「情」，之後依據由二歲至六歲各年齡階段，分別標示「幼、小、中、大」。第三個字為數字，代表四種情緒能力，1 為情緒的「覺察與辨識」能力、2 為情緒的「表達」能力、3 為情緒的「理解」能力、4 為情緒的「調節」能力。第四個字也是數字，代表情緒領域的學習面向，1 為「自己」的學習面向、2 為「他人與環境」的學習面向。第五位數字則為各學習指標的流水編號。

國家圖書館出版品預行編目（CIP）資料

幼兒情緒與繪本教學 / 傅清雪等著. -- 初版. -- 臺北市：
心理, 2013.12
面；　公分. --（幼兒教育系列；51170）
ISBN 978-986-191-574-6（平裝）

1.教學活動設計　2.繪本　3.學前教育

523.23　　102023680

幼兒教育系列 51170

幼兒情緒與繪本教學

作　　者：傅清雪、劉淑娟、謝來鳳、曹天鳳、王秀文、方咨又、林智慧、魏妙娟、李純儀
執行編輯：陳文玲
總 編 輯：林敬堯
發 行 人：洪有義
出 版 者：心理出版社股份有限公司
地　　址：台北市大安區和平東路一段 180 號 7 樓
電　　話：(02) 23671490
傳　　真：(02) 23671457
郵撥帳號：19293172　心理出版社股份有限公司
網　　址：http://www.psy.com.tw
電子信箱：psychoco@ms15.hinet.net
駐美代表：Lisa Wu（Tel：973 546-5845）
排 版 者：臻圓打字印刷有限公司
印 刷 者：東縉彩色印刷有限公司
初版一刷：2013 年 12 月
I S B N：978-986-191-574-6
定　　價：新台幣 180 元